チームでも、個人でも、
ムダなく滞らせず結果を出す

計画力の鍛え方

中尾ゆうすけ

Keikaku-ryoku
no
kitae kata

Yuusuke Nakao

すばる舎リンケージ

はじめに

うまくいかない仕事は、計画段階でわかる

こんにちは、中尾ゆうすけです。

私はこれまで、製造業の技術職や製造管理といった仕事を経て、サービス業で人事という仕事に携わってきました。

そのなかで多くの失敗を経験してきましたが、失敗には次につながる価値ある失敗と、ただ損するだけの失敗があります。そして、後者のムダな失敗をしないために必要不可欠なものは何かと問われれば、「計画である」と断言します。

私は、多くの新製品、新事業のプロジェクトに関わってきましたが、振り返ってみ

ると、そのプロジェクトがうまくいくかどうかは、計画段階でほぼ見通しがついていたのです。

うまくいかないプロジェクトには、必ず計画に不安がありました。

- 結論ありきのトップダウンで、十分な市場調査が行われないまま製品化された
- 一応計画は立てたものの、その実現性を未検証のまま進めてしまった
- 納期に押されてギリギリの中で品質の維持が難しかった
- 具体的に何をするべきかが不明確で、迷走してしまった
- リスクの想定が甘く、トラブルによる納期の先延ばしが繰り返された
- 状況が変化していたのに、当初の計画の見直しを怠っていた

……などなど、失敗の多くが「計画」に起因していたのです。

なかには、現場の協力が得られないなど、一見、人間関係やチームワークに問題があるようなケースもありました。

しかし、そうなった背景には、納期にムリがあるとか、最初からメンバーの多くが

仕事の進め方に納得していなかったなどの事情がありました。

客先による急な仕様変更で、軸がぶれてしまい、取り戻せないままになってしまうこともありました。

そのときは他にも、市場や競合の環境を十分に把握しないまま進めようとしていたり、リスクの想定が足りなかったなど、計画の詰めが甘くてぼやっとしていました。

「客先に振り回されたせいで……」という一面があるのはたしかですが、そもそも発注者側と受注者側がともに足並みを揃えるには不十分な計画だったとも考えられます。


当時は、仕事がうまくいかないときには、たまたま問題が生じたか、自分の仕事のやり方が悪いのだと思っていて、計画のほうに問題があるとは考えていませんでした。

ですから、「とにかく手を動かさないと納期に間に合わない」とか、「予想外の問題が出てきて、どんどん計画から脱線していく……」といった意識で、自分なりに精いっぱいやっていたつもりでしたが、なかなか報われませんでした。

しかし、もともとの見通しが甘いのに、どんなに頑張ったところで計画通りに仕事が進むわけがなかったのです。

見通しを立てて動く習慣をつけよう

もしもあなたが、当時の私と同じ考えを持っていたり、それでもなんとかやれてきたと思っているならば、少し立ち止まって考えてみてください。

仕事は、自分一人で進めていく比較的シンプルなものから、多くの関係者や企業を巻き込んで行う大プロジェクトまで、いろいろです。

そして、それぞれにかかる時間が違い、重要度も違い、関わる人の有無が違ってきます。やる仕事は同じでも、自分が主導権を握るのか、誰かが指示を出してくれるのかで、責任も頭を使う手間もまったく違ってきます。

こういうことをすべて計算して、計画に落とし込む必要性があるわけです。

本書は、「適切な計画を立てて自分の役割を遂行する力」を養うことを目的としています。この力を、略して「計画力」と呼ぶことにします。

私は、計画を立てる力に長けていて、比較的誤差が少ない状態で結果を出せる人を「計画力が高い人」と認識しています。

大変な仕事ほどこういう人に頼むのが安心なので、難易度の高い仕事が集まるようになり、結果的に仕事のレベルを上げられるかどうかの差になっていきます。

先の見通しを立てて仕事をしているかどうかは、日ごろの仕事ぶりから明らかなので、その点でリスクのある人にわざわざ重要な仕事を任せることはありません。

また、プロジェクトのリーダーや管理職は計画を立てられなければ話になりません。「計画的に仕事をする」というのは一朝一夕に身につくものではないため、日ごろから習慣づけて鍛えて行く必要があります。

「リーダーになったらちゃんとやればいい」などと言っている人がリーダーになる日はこないのです。

思考を転換して、「計画アレルギー」から解放される

とはいえ、これまで計画を立てることに苦手意識を持ってきた人が、急にハイレベ

ルなことをやろうと思っても難しいです。

ですから、本書では、できるだけシンプルで無理やムダの少ない実用的な計画の立て方、そしてそれをいかに実行に移して結果を出すのかについて、どのような業種や職種の方でも汎用的に使える考え方とノウハウとしてまとめました。

本書はとくに次のような方に読んでいただきたいと思っています。

・計画を立てることを難しく考えすぎている

「計画に費やす時間と労力がもったいない」

「成果に直結しない作業に時間を使うのが、なんとなく申し訳ない」

「計画を立てる方法がわからない、力量がない」

計画を立てるために時間を使うことを躊躇するということは、まだ、仕事の主導権を任されていないのかもしれません。

それでも、仕事の種類や分量が増えてくると、何にどれくらい時間を割くのかを自分でコントロールしていく必要があります。

計画を大層なものに考えすぎず、まずは、今日やること、明日やること、明後日やること、3日分くらいのＴｏ Ｄｏリストを作ってみましょう。
Ｔｏ Ｄｏリストは、計画を形づくる大切な要素です。

・計画を立てても意味がなかった過去がある

何も計画通りにいかない。

計画とズレてきても打つ手がない。

そもそも計画を立てる時点で不確実なことが多くて、どうしてよいのかわからない。

「ＰＤＣＡなんて本当にやっている人いるの？」と半信半疑。

仕事は生き物ですから、計画通りにいかないこともあります。

計画の立て方がずさんだと、その分誤差も大きくなります。

計画は、実態が想定と離れたときに、いち早くそのことに気づき、軌道修正するための目安となるようにつくらなければいけません。

・計画を立てることで現状に向き合うのが苦痛

旅行の計画なら楽しめても、仕事の計画は現状と向き合うことになるため、しんどく思う人も多いでしょう。

とくに成果が出ていないときはモチベーションが低下しているにも関わらず、挽回前提で新たな目標や計画を立てなければなりません。

自分を信用できないし、誰かにゆだねて決めてもらいたくなります。

気持ちはわかりますが、いつかは自分を立て直していく作業が必要になります。

計画を立てることは、仕事の見直しと仕切り直しにつながります。

・成り行きに任せたいので、計画なんていらない

計画を立てる作業が面倒&行動に縛りがかかることが窮屈。

時間がかかってもいいから自分のペースでやるほうが楽しいし、実際、うまくいく気がする。結果オーライ。

それなりに経験と実力があるタイプか、自分を過信しているタイプです。

前者なら職場によってはOKでしょう。

後者なら、あなたが知らないところで、上司や同僚がサポートしてくれていてる可能性が大です。あるいは、いつも納期ギリギリで周りをハラハラさせていないでしょうか。少し視点を上げて周りに配慮する意識を持ちましょう。

いかがでしょう、ご自身に当てはまるものがあったでしょうか？

一つでも当てはまる方は、もしかしたら「計画アレルギー」という可能性もあります。計画アレルギーの人は、いろいろもっともらしいことを言っても、つまるところ計画を立てるために頭を使ったり手を動かすのが面倒で、すぐに思考停止してしまうのです。

この機会に、計画を立てることを単なる義務ととらえるのではなく、「自分の仕事のレベルを上げるにはどうしたらよいのだろう」「どうしたら結果が出せるのだろう」という観点から考えてみることで、苦手意識を減らしていただきたいと思います。

計画を立てることは、

- 仕事の全体を俯瞰して考える力
- 仕事を細部まで理解し自らやり方を考える力
- 先のことを予測する力

・そのための情報を集める力
・先回りで協力者のスケジュールを確保&調整する力
……などの集合体です。

計画力を高めることで、仕事のレベルを上げ、質を高め、効率的に仕事を進めることが可能になります。不用意による失敗をなくして、継続的に結果を出し続けることで、周囲からの信頼性や評価が高まります。

もしも今、あなたが計画アレルギーだとしても、安心してください。

私も昔は勢いで仕事をする人間でした。

うまくいかないこと、失敗したり、ムダで非効率だったことを、この計画力を高めることで、一つひとつ改善していったのです。

本書が、あなたの思考の転換をはかるきっかけとなり、計画力向上を通じて高い成果と信頼を勝ち取る一助となることを願っています。

中尾ゆうすけ

チームでも、個人でも、ムダなく滞らせず結果を出す
計画力の鍛え方　もくじ

第2章

「整合性」なくして組織の計画は実現しない

第3章 ムダが出にくい個人の予定の組み方とは？

第4章 目標を見失わない進捗管理のポイント

付録 経験値を上げるための基本

ブックデザイン　金澤浩二(cmD)

第1章

「何を書き出すか」がそのまま戦略になる

planning 01

なぜ、計画が必要なのか？

「仕事がうまくいかない→計画を立てない」の悪循環

あなたは仕事をするときに、まず「計画を立てる」ということを行っているでしょうか。

ほとんどの人は、仕事において計画を立てることが必要だと考えています。

しかし、そのなかの多くが、とくに計画を立てることなく仕事をしています。

あるいは、「計画を立てた」という事実はあるものの、その中身が実態に即していないということがあります。

計画を立てようと立てまいと、仕事はそれなりに回っているような気がするし、「ビジネスマンの常識では、仕事は計画を立ててやるものらしい」くらいの認識なのです。今はまだ、計画を立てなくても回せるくらいの仕事のレベルなのかもしれません。あるいは、計画を立てて仕事を回す力がないから、仕事のレベルが上がらないのかもしれません。

計画を立てずに行き当たりばったりで仕事をしている人は、仕事のレベルが上がると途端に行き詰まります。

仕事の全体像を把握しないまま、力業で乗り切るには限界があるのです。うまくいかないから、なおさら計画がおざなりになります。できるだけ効率的にやりたい、ムダなことはやりたくない、時間がない……。すなわち、「計画なんか立てているヒマはない」「時間に余裕ができたらやればいい」という言い訳が、自分のなかでまかり通ってしまうのです。

計画を立てる難易度は業務ごとに違う

私は製造現場で働いていた経験があるので、計画性をもって仕事をすることについては、入社してすぐに徹底的にたたき込まれました。

そのせいか、違う会社の人と話していて、うまく計画を立てられない人がいるというのは、最初はピンときませんでした。

しかし、考えてみれば当然のことで、誰もが計画を立てる訓練を受けているわけではないし、「計画」とひと言でいっても、計画の立てやすさは担当している業務によって大分異なります。


当然ですが、**その業務に関して、未知のことが多くなるほど計画は立てにくく、既知のことが多いほど計画は立てやすくなります。**

したがって、長期的な計画は予測で補う余地が多い分立てるのは難しくなり、直近の計画は現状を踏まえておけば十分なことが多いです。

また、関わる人が多くなるほど厳密なスケジュール管理が必要になりますが、自分一人の仕事や少人数なら融通をきかせやすくなります。

知らない人たちと新しいチャレンジを行う場合は計画がなければ足並みがそろいませんが、いつものメンバーでいつもの仕事をする場合はほぼリスクはありません。

思い返してみれば、私自身、製造ラインの設計をしはじめたころは、図面を見てもどれくらいの作業時間がかかるかまったく見当もつきませんでした。図面の段階で見積もりを出すよう要求されても、その精度は実際とかけ離れたものになることも多かったのです。

しかし経験を積んでいくと、出荷の計画に対して製造ラインを設計するにあたり、ねじ一本で何秒かかるか、部品数何点でどれくらいかかるかなどの目途がつくようになり、人員は何人くらい必要か、どれだけの設備が必要かを、図面の段階でも計画することができるようになりました。

計画は誰でも最初から立てられるものではなく、まず自分の仕事をよく知ること、そして繰り返し計画を立てる経験を積んでいくことが必要なのです。

役割を確実に遂行するための「計画力」

会社員として働いている多くの人が、計画を立てやすい業務も立てにくい業務も抱えています。そして、経験が豊かになるほど、計画を立てにくい業務を任されることが増えていきます。

計画を立てるのが大変だからといって、ノープランで仕事をしていては、いつまでたっても能力も仕事のレベルも向上しません。

「はじめに」で述べた通り、本書は、「適切な計画を立てて自分の役割を遂行する力」を養うことを目的としています。この力を、略して「計画力」と呼ぶことにします。

計画力のある人は、期日までに求められる成果を出すために、かなり緻密に仕事をしています。

彼らの特徴は、仕事のなかで「計画」に、もっとも比重を置いているところです。まさに、PDCAの「P」です。

計画を丁寧につくることで、ムダな試行錯誤や失敗の数を減らしていきます。

これは、組織レベルの大がかりな仕事の計画でも、個人の日常レベルの仕事の計画でも、同じです（もちろん、組織レベルの計画に近づくほど、計画の重要度は増します）。

ＰＤＣＡは、「Ｐ」からはじめる

まず、大事なのはＰ

Ｐ（計画）とは、どういう手順で進めれば、効率よく、抜けや漏れが出ないかを、予め確認する作業

「ＰＤＣＡ」とは、仕事のマネジメントサイクルのことです。

ＰＤＣＡを、繰り返し行われる無限のループととらえ、Ｐ（計画）、Ｄ（実行）、Ｃ（検証）、Ａ（改善）のどこからはじめてもよいと考える人もいますが、私は本書のテーマでもある計画（Ｐ）からはじめるのが最も効果が高いと考えています。

仕事の進め方を決めるのは計画です。行き当たりばったりで行動していては、ただ時間とお金を浪費し、成果を出せたときにはすでに他社に置いて行かれているということになりかねません。

最初に計画を立てるということは、ゴールを明確にし、期限を決め、手順を決め、個々の役割を決めることです。

計画が具体的になるほど、抜け漏れや手戻りを減らし、最も効率のよいルートで結果を出しやすくなります。

Ｄ（実行）、Ｃ（検証）、Ａ（改善）は、もとになるＰ（計画）を基準にすることで、方向性や善し悪しの判断をしやすくなります。

planning 02

「計画はどんどん変わる」のが前提

計画を立てない人にありがちな思い込みとは？

計画を立てることを苦手としていたり、必要性を感じていないという人の多くが、「計画」に対してある思い込みを持っています。「はじめに」と重複するものもありますが、次のような考えを持っている人は多いです。

□計画を立てる時間はムダ、利益につながる行動に集中するべき
□計画を立てても、その計画通りにはできないから意味がない
□与えられた仕事をこなすだけなので、計画を立てるまでもない

□上司が立てた計画は実態に即していない

こうした考えは、「一度決まった計画は、変わらない」という思い込みのもとに成り立っているのではないかと思います。

たしかに、仕事をしていればこうした考えがあてはまる場面もあります。

たったいま飛び込みで与えられた仕事を、その場で完了させてしまえば、わざわざ計画に入れるまでもありません。

しかし、そんなわずかな時間でできる仕事ばかりではありませんから、そのための時間を捻出する必要が出てきます。

「すでに他にいくつかやることがあって、それらがどう進むかわからないので、新しい仕事にいつ着手できるかは成り行きによる」というのでは、上司は安心して仕事を任せられません。

計画には次の３つの役割があることを、まずは確認しておきましょう。

・仕事を期日までに完了させるための道しるべになる

・**抱えている仕事とその進捗を整理する**
・**どんどん変わっていく予定を調整する**

仕事のなかには、想定外の問題が起きて遅れが出るものや、解決策がなかなか浮かばず長引くものもあります。これは自分の力で調整しづらい問題です。

一方で、前倒しできる予定は前倒しし、空いた時間に別の仕事を入れるというのは、自分でうまく計画を調整していると言えます。

このように、コントロールできない仕事の遅れを、コントロールできる予定を動かしてつじつまを合わせていくのも、スケジュール管理の目的です。

こうしたことを踏まえて、先ほど挙げた思い込みに対して、私の所感を述べたいと思います。

□計画を立てる時間はムダ、利益につながる行動に集中するべき

営業職や販売職の方、または責任ある立場の方に多い思い込みです。

数字に責任を負っている人は、「お金にならないことに時間を使うのはもったいない」と思いがちで、数値目標だけ立てたら、あとは行動量を増やすことに集中しやすい傾向があります。

計画を立てるのも一つの作業ですから、その分の手間暇はかかります。

しかし、無計画で進めれば、それをはるかに上回るロスが発生する可能性も大きいのです。

上司が「とにかく営業にいけ！」と部下にハッパをかけるだけでは、今期の営業目標が達成できるかは運任せになってしまいます。

一方、事前に目標から逆算して「いつまでにいくら売り上げる」というように、マイルストーンを細かくきざんで計画を立てていれば、進捗が一目瞭然です。

遅れている場合は、気づいた時点でそれを取り戻すための手を打つ余地が出てきますし、たとえ状況が不利でもマイナスを少なく抑える算段ができます。

この繰り返しが、いわゆる「ＰＤＣＡ」といわれる仕事のマネジメントサイクルであり、目標を達成するためのベースとなります。

□計画を立てても、その計画通りにはできないから意味がない

「仕事量が多すぎて、計画を立てても机上の空論になってしまう」という場合は上司と話し合う必要がありますが、そうでなく自分の能力不足が原因であれば問題です。「どんどん変わる計画についていけない」のであれば、計画が役に立たないのではなく、むしろ計画の精度を上げて自分が計画に合わせていく訓練をしましょう。

計画に変更はつきものなので、当初の計画通りにいかないのは当たり前です。**変わっていく予定をやりくりするために、計画を可視化する必要があるのです。**

また、計画を具体的に書き出して、紙やデータ等に落とし込むのはたしかに面倒ですが、ノウハウが十分に蓄積されていない仕事や、手数のかかる複雑な仕事などは、手順を調べて可視化しておかなければ漏れや手戻りなどが増えます。

個人の頭の中にあることは外からは見えないため、関係者との連携を取りづらくなったり、上司などのサポートが適切なタイミングで得られにくくなります。

一人でコントロールできる仕事でない限り、計画に変更が起きたときは、関係者を

含め、再度スケジュールを立て直す必要があります。

計画を立てることには、「情報共有」という機能があります。

自分以外の監視の目を入れることで、思わぬミスを防ぐことにつながります。

□与えられた仕事をこなすだけなので、計画を立てるまでもない

主に日常的なルーティン業務を中心に担当している方に多い思い込みです。

「計画＝上の人が立てるもの」というイメージを持っていて、自分には関係ないと思っているのではないでしょうか。

今のポジションで必要なのは、与えられる業務を可視化して、個人レベルのスケジューリングをすることです。まずは、与えられた仕事の一つひとつにかかる所要時間の目安をつかみ、それをもとに時間割をつくりましょう。

そうすると仕事のスピードを意識するようになり、今より仕事が速くなります。

逆に、所要時間の目安がないと、気分次第で使えるだけ時間を使ってしまいます。

私は以前、仕事の大半がルーティンワークだった時期がありましたが、そのときに

仕事の一つひとつにかかる時間の目安をつくり、年間を通じての忙しさの度合いの変化を明らかにしたことがあります。これは、部門の年間計画を立てる際の参考にされ、その後、社員に仕事を配分するときにも役立ちました。

こうした経験は、長期的な仕事を任されたり、チームの一員として仕事をするようになった際には強みになります。

マンネリ化はどんな職場にもありますが、問題意識をもって取り組む姿勢を維持しないと、人事異動や転職などで職務内容が変わったときに、自分一人が遅れをとっていることに気づいて愕然とすることになります。

□上司が立てた計画は実態に即していない

上司や先輩の指示がなくても、独力で仕事を進めることができる優秀な方や、ベテランの方には、こういう人が多いでしょう。

仕事は人それぞれにやりやすい進め方がありますから、任せてもらったほうがうまくいくことも多いものです。

とはいえ、ベテランだから無計画でもいいというわけではありません。すでに上司に実力を認められているなら、上司から与えられた計画をもとに、自分なりの考えを伝え、より進めやすいやり方を提案していくとよいでしょう。計画を見ながらコミュニケーションを取ることで、新たな発見があったり、仕事の進め方についてお互いの理解のすれ違いを防ぐことにもつながります。

ふだん計画を立てていない人は、計画を立てた場合と立てない場合を比較することができないので、あまりピンとこないかもしれません。

でも、計画が本領を発揮するのは、仕事がうまくいかないときです。作業の抜け漏れに気づかない、進捗の遅れを軽く考えてしまう、本当はもっといいやり方があるのを知らないまま時間をロスする、成長機会を失ってしまう……。

これらは、計画を軽視した人にありがちなことです。

planning 03

納期厳守のための計画の考え方

計画でまず確認するのは「期限」

計画を立てることの重要な目的の一つは、「仕事を期日までに完了させるための道しるべになる」ことでした。

そこで、まずは最終的な期限がいつなのかを確認することが重要です。

そうしなければ、実行する人にとっては期限までの「持ち時間」がわからないし、持ち時間がわからなければ、何にどれくらいの時間をかければよいのか、どのタイミングでやるのが効率的なのかといった算段ができないからです。

ただ、厳密に言うと、計画を立てる際に「期限のある仕事」と「期限のない仕事」

がありますので、念のため「期限のない仕事」についても説明しておきましょう。

「積み上げ方式」の仕事のやり方

期限のない仕事とは、すぐに完了させなくても短期的には困ることがない仕事です。たとえば、研究開発や新製品開発などは、会社の将来のためには必要ですが、遅れて開発費がかさむことはあっても、それ自体でお客さまに直接的な迷惑がかかることはありません。

もちろん仕事ですから、会社が定めた期限もありますし、長期的には利益を出すことが前提です。しかし、どんなに急いでも、まだ見ぬ新製品がどのようなプロセスをたどって、いつ完成するのかを正確に予測するのには限界があります。

このような、先行投資的な意味合いが強い仕事は、結果的には「積み上げ方式」に近い仕事のやり方になると思います。

「積み上げ方式」とは、一つひとつの仕事にかかった時間を足していったとき、結果的に「これだけ時間がかかった」とわかるものです。

所要時間の見積もりを行うのが難しい仕事の場合、やってみないとどれくらい時間がかかるのかわからないため、予定していた期日をはるかにオーバーすることもあります。

したがって、この「積み上げ方式」のやり方は納期がシビアな業務には不向きです。実際には、このような仕事は限定的で、携わっている人の割合は少ないでしょう。

「逆算方式」の仕事のやり方

というわけで、多くの人が抱えているのは「期限のある仕事」になります。期限のある仕事は、ほぼ１００％、「逆算方式」で計画を立てることになります。

「逆算方式」とは、納期から逆算して自分の持ち時間をはじき出し、その持ち時間の範囲内でやりくりしてやるべきことを完了させていくことです。

場合によってはお客さまと交渉してやることを絞り込んだり、人手を増やすことで時間を短縮したりして、納期を守ることを何より優先します。

最初からお客さまが提示する期限の範囲内で、どのような提案ができるかを考える

「積み上げ方式」と「逆算方式」の違い

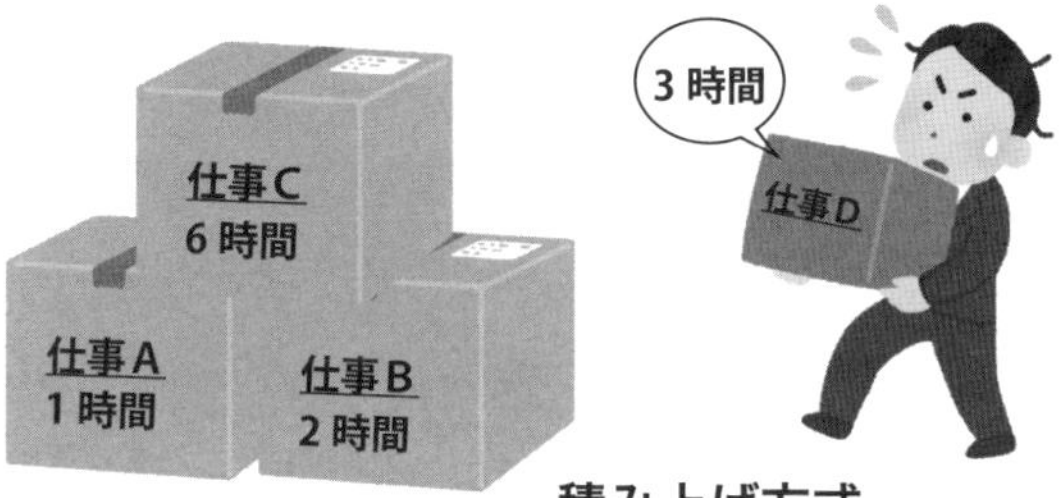

積み上げ方式

「仕事Ａに１時間かかった」「仕事Ｂに２時間かかった」というふうに、結果としてかかった時間を積み上げていく

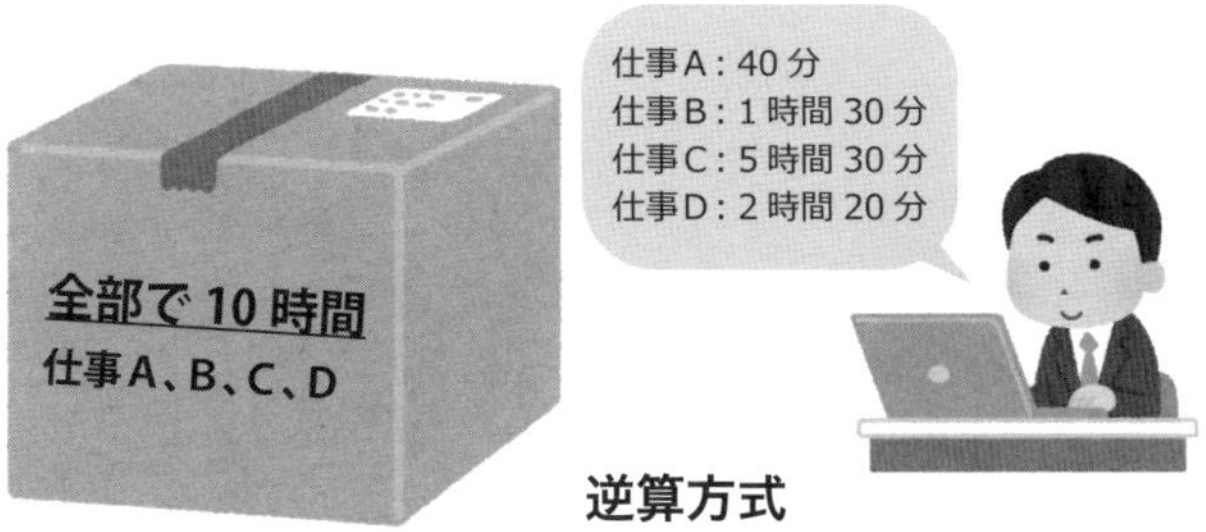

逆算方式

まず自分の持ち時間を把握し、「仕事Ａに40分かける」「仕事Ｂに90分かける」というふうに、仕事ごとに時間を割り振る

使える時間には限界があるので、
逆算方式で計画を立てるほうが確実

のです。お客さまの求める条件を満たす必要がありますが、期限のほうが優先されるなら、どこかで効率化する必要があります。

もちろん、自社の利益を削るという安易な方法ではありません。

ですから、この逆算方式では、「計画」の必要性がとても高くなります。

期日のある仕事では、時間配分を丁寧に行わなくては、持ち時間が足りなくなることがほとんどです。

そこで、いかにムダをなくすかを考えて、工夫しなければなりません。

なぜ納期厳守がそんなに大事なのか

納期とは、商品やサービスを提供する側が、実現性に基づいて提案するのが前提ですが、基本的にお客さまに決定権があります。

自分以外の人が決めた納期に従う場合、その納期は制約条件となります。

私は、以前コンピューター製品を作る会社にいたため、その感覚は非常に強いほうだと思います。

○月○日までに１００台と納品日が決まったら、絶対に遅れることは許されません。なぜなら、納品後はお客さまの要望を受けたカスタマイズやソフトウェアの設定が待っており、そのための人員も確保されているからです。

そもそも、商品の納品日・設定日自体が、お客さまの稼働開始日から逆算して計画されています。

お客さまの稼働開始日を起点にして日程をさかのぼり、工場での生産計画、生産ラインの計画、人員の計画（と確保）などが行われ、さらに言えば、前工程である部品メーカーとの納期の調整も行われます。

前工程である部品メーカーも、同じように生産計画を立て、材料の調達計画、生産計画、人員計画などを立てています。

こうした連携は、事前に綿密な計画をつくり、それぞれの担当者が納期厳守であたらなければ、とても実現できません。

計画自体には「これが正しい」という唯一の正解はありませんが、設計された計画のレベルは、その計画を立てた人の仕事の実力と置き換えられます。

納期に間に合わせるのはもちろんですが、そのプロセスが上司や同僚、お客さまからの信頼となり、自分の評価につながるといっても過言ではありません。

計画力こそが、仕事の推進力であり、人を動かす力でもあるからです。

planning 04 計画の骨組みになる3つの要素とは？

一つでも欠けていたらストップ！

では、そもそも、「計画」とは何をもって計画と言えるのでしょうか。
次の3つが揃っていれば、それは最もシンプルな形の計画といってよいでしょう。

・目的（何のためにやるのか）
・目標（どうなったら成功なのか）
・期日（それをいつまでにやるのか）

どのような仕事にも必ずこの3つがあります。どれかが欠けている場合は、「この仕事は本当に必要なのか?」と一度立ち止まって考えてみる必要があります。

さらに、計画には階層があります。担当する人の役割に応じて、段階的に細分化されていったのちに、実行されることになります。

たとえば、会社の経営層が立てる計画は非常にシンプルです。

- **目的：会社の成長**
- **目標：利益倍増**
- **期日：5年後**

これだけを見ても、社員は何をすればよいのかわかりません。

実際に何をすればいいのかを検討するには、より具体的な計画が必要になります。

会社の場合、その第一段階めの役割を担うのは、会社の規模や体制にもよりますが、部長クラスのリーダーです。

ポイントは、上位階層の立てた「目標」を、下位階層の「目的」に置き換えることです。

この例で言えば、「経営層が立てた目標」を「部門の目的」に置き換えます。経営層が立てた目標である「利益倍増」を部門の目的に置き換えると、次のような目標を立てることができます。

◎各部門の目的：利益倍増

・営業部門の目標：売上増　●億円
・技術、管理部門の目標：原価低減　●億円
・人事部門の目標：社員のスキルアップとモチベーション向上施策の実施

「各部門の目的」ができると、「それを実現するために何をすればいいか」を具体的に考えることが可能になります。その結果、「各部門の目標」ができることになります（目標は一つとは限りませんが、ここでは各部門につき一つの目標の例を挙げています）。

「上位階層の目的→下位階層の目標」で細分化する

こうして部門ごとの目標が立てられたら、次は各部門の課長やチームリーダーといった人たちが、さらに課レベルや個人レベルの目標に落とし込んでいきます。

これが、細分化の第二段階めになります。

たとえば、営業部門の部長が目標としてあげた「売上増　●億円」を、今度は営業二課の課長が目的と認識し、そのための目標を考えていきます。

◎営業部営業二課の目的：売上増　●億円

・目標①：新商材の販促企画
・目標②：新規顧客の開拓
・目標③：既存顧客への営業力強化

これらはほんの一例です。実際にはもっとたくさんの目標ができてくるでしょう。

上位階層の目標が、下位階層の目的になる

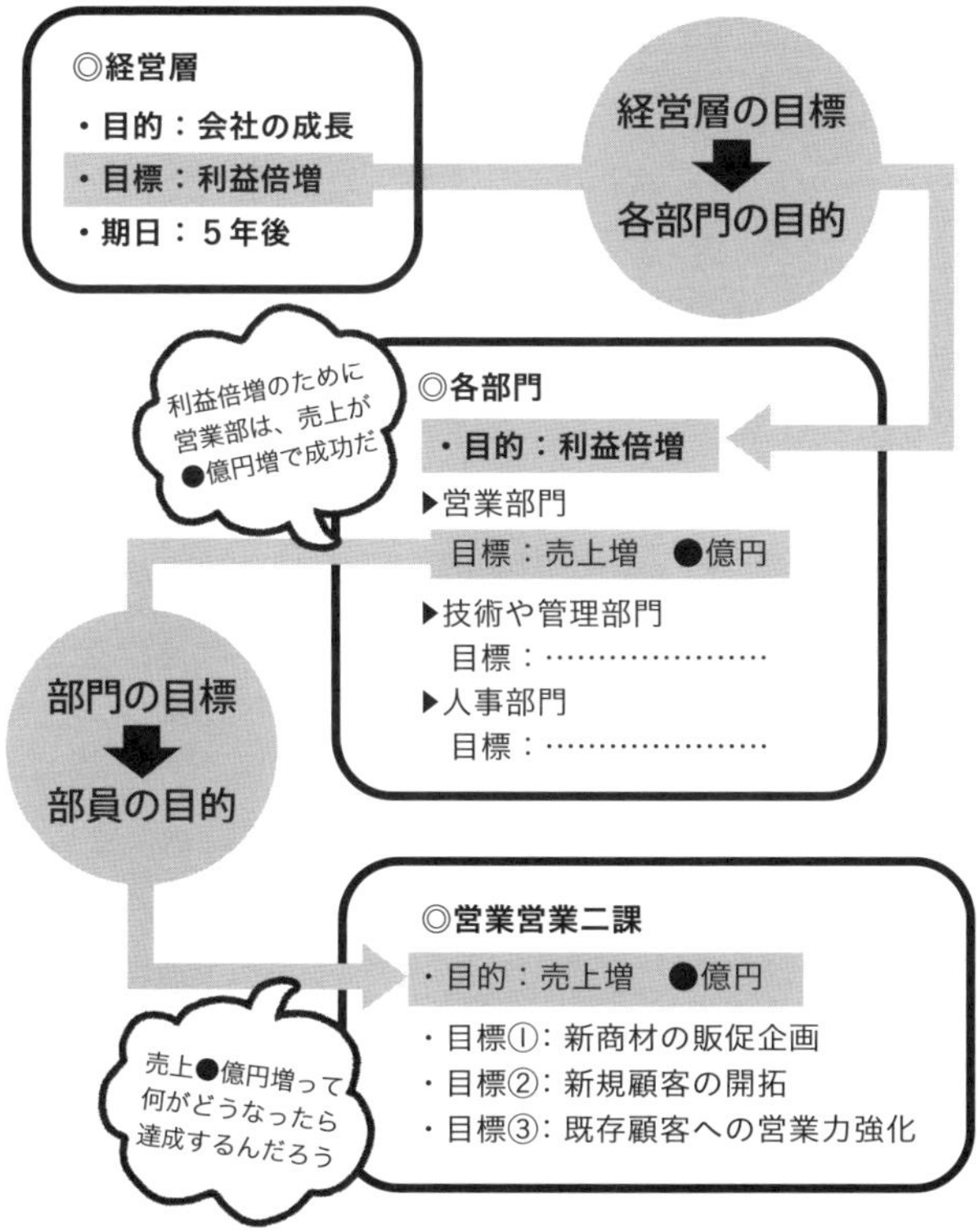

「目的」……何のためにやるのか
「目標」……どうなったら成功なのか

他の部門でも同様に、部長が立てた目標を、課長クラス以下の目的に置き換えることで、より具体的な目標が定まります。

◎技術、管理部門のプロジェクトチームの目的：原価低減　●億円

・目標①：仕入れ原価の低減
・目標②：業務プロセス改善による効率化
・目標③：残業削減

◎人事部人事課の目的：社員のスキルアップとモチベーション向上施策の実施

・目標①：利益や原価に関する研修の実施
・目標②：マーケティングや営業力強化研修の実施
・目標③：成果連動型の人事制度の改訂

ここまで細分化できたら、課長やチームリーダーは、「誰がやるのか」「いつまでにやるのか」を計画していきます。

「いつまでに」というのは、最初に経営層が決めた期日（この例でいえば5年後）でよいわけではありません。

5年後には利益が倍増していなくてはならないのに、社員のスキルアップ研修に5年もかけていては遅すぎます。

そうではなく、細分化されたそれぞれの目標に適した期日を設定するのです。研修などは早期に実施するほど早く実務に活かせるのですから、「3か月後には第一回を実施し、半年かけて全営業マンへ実施する」という具合に、素早く行うことが求められるでしょう。

自分の目標が誤っていないか確認が必要

繰り返しになりますが、一つひとつの仕事には必ず目的があります。

なかには、自分たちが感覚的にやりたいと思うことを目的や目標にして仕事をしているようなケースも見受けられます。

それが一概に悪いとは言えませんが、自分たちがやっていることが組織の目的と整合性がとれているかどうかは、常に確認しておかなければなりません。

組織としての仕事の目的を理解しなければ、誤った目標を立ててしまい、計画も不十分なものとなって、他部門や他チームからもイライラされてしまいます。

もし「今やっている仕事の目的ってなんだっけ？」と思うことがあれば、組織単位であれ個人単位であれ、一度仕事の計画を見直す必要があるということです。

多くの会社では、年に一度や半期に一度、「経営方針」や「事業計画」についての発表や説明があると思います。

これは決して形式的な行事ではありません。部長クラスだけが知っておけばいい話ではなく、個々の社員が理解しなければならないのです。

会社で仕事をする全員が、会社の意図を理解していることが、計画の実行と実現には不可欠です。

planning 05

何を把握したいのかで焦点の当て方を変える

「面の計画」と「縦の計画」と「横の計画」

計画の基本的な骨組みがわかったら、より詳しく計画の世界を見ていきましょう。
計画は、何を把握するためのものかによって、３つのタイプがあります。
私はそれを「面の計画」と「縦の計画」と「横の計画」と呼んでいます。
まず、それぞれを解説していきます。

【面の計画】

細分化されたさまざまな計画を包括した、全体の計画のことです。

目的をかなえるために、何を、どのような手段で、どのタイミングで行うべきか、長期的な視点で設定していきます。

左ページの図の例でいえば、この先の半年間の目標達成のための手段として、案件A、案件B、案件Cの3つの計画を実行することとし、それぞれをいつまでに完了するのか納期を明らかにしていきます。

【縦の計画】

面の計画の一部です。特定のプロジェクトなどのように、ある目的・目標を期日までに達成するための「手順」に焦点をあてた計画です。比較的長期の目線となります。

左ページの図の例でいえば、案件Aの手順を洗い出し、いつまでに何をするかを明らかにすることです。

同様に案件Bと案件Cにも、それぞれ別々に「縦の計画」を立てます。

案件ごとに担当者が割り当てられる場合もあれば、一人ですべてを担当する場合もあります。

面の計画、縦の計画、横の計画のイメージ

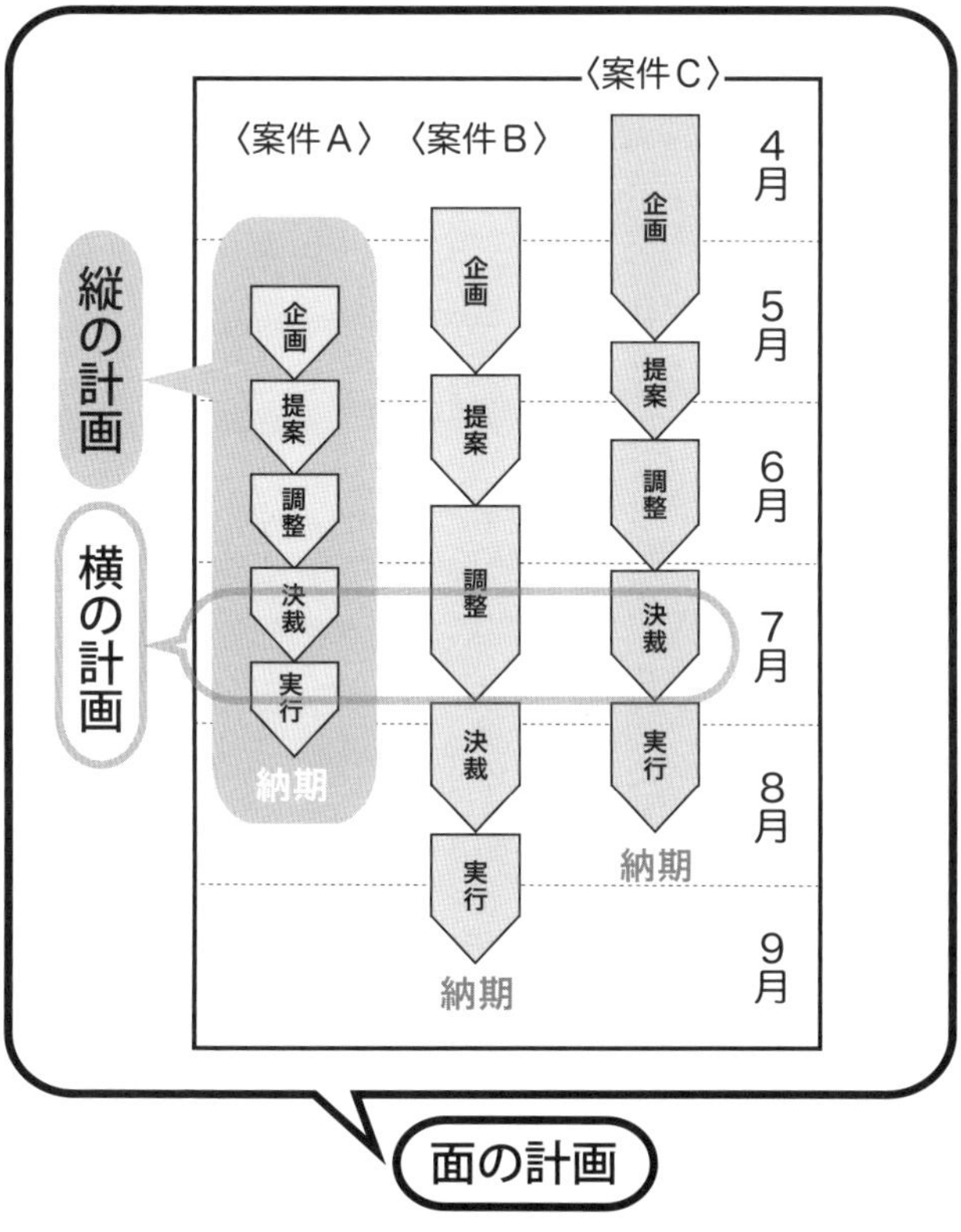

自分が立てようとしている計画は
どれなのかハッキリさせよう

【横の計画】

面の計画の一部です。やるべき業務（たいてい複数）を、それぞれの期日までにやり切るために、1ヵ月、1週間、1日など、一定の期間のなかで何をどこまでやるべきかの「時間割」を記した計画です。

「スケジュール」という方がイメージしやすいかもしれません。比較的短期の目線です。

53ページの図の例では、案件Aと案件Bと案件Cを、同時並行で計画通り進めるために、何をいつやるかを月単位、週単位、日単位、時間単位で決めていくものです。

この3つのうち、全体をデザインする【面の計画】は、比較的上位の役職者が立てるものです。まだリーダーの役割ではない人は、自分の担当する業務に関して、【縦の計画】と【横の計画】の立て方を中心に考えていくことになります。

【縦の計画】の「手順」と、【横の計画】の「時間割」は別物です。

どちらの軸にも「手順」と「時間割」の要素はありますが、強いていえば、こういった傾向が見えてきます。

いずれの計画も、いざ計画の実行段階に入れば、進捗確認の目安となります。

個人が担当しているルーティンワークのように、すでに手順が一連の動作として身についている仕事の塊は、そのまま時間割に落とし込んでも大丈夫です。

しかし、規模が大きく手順がよくわからない仕事は、小分けにして、やることを明確にし、それぞれに時間と担当者を割り振っていかなければなりません。

では、その違いを見ていきましょう。

「手順」を踏む仕事を見極める

まずは、縦の計画から見て行きましょう。

【縦の計画】は、特定の目標を達成するための専用の計画です。

一つの目標を実現するために踏まなければならない手順を明らかにして、「何を」「いつまでに」やらなければいけないかを切っていきます。

部署やチーム、会社のプロジェクトなどの、長期的だったり複雑だったりする組織目標を実現する際には必須です。

一人の仕事でも、踏まなければならない手順があったり、長期的な業務でマイルストーンを必要とするものに関しては、この【縦の計画】が重要になってきます。

マイルストーンとは、たとえば「1年でこの目標を達成するには、この1ヵ月で何をしなければならないか」というような、もともと掲げている目標に着実に近づくための、より小さな目標のことです。

手順ごとに細分化された業務は、「誰が」やるのかを割り当てられ、実行レベルに落とし込まれます。

これが、次に述べる、個人レベルの【横の計画】の計画に取り込まれ、着々と実行されていくというわけです。

「時間割」はすべての人に必須

次に【横の計画】です。

これは会社員であればすべての人が意識するべきものと言えます。

別名「時間管理」と言ったほうがわかりやすいでしょう。

「縦の計画」と「横の計画」

縦の計画

特定の目的・目標を達成するための「手順」を明らかにした計画

【例】目標：１カ月以内にプレゼン資料をつくる

１週目：①誰向けの何のための資料なのか設定する
２週目：**②資料を集め、整理する**
３週目：③全体の構成を考え、納得感のあるストーリーを打ち出す
４週目：④実際に資料を完成させる

横の計画

一定期間（日、週、月など）のうちで、何をいつ行うかを割り振った計画

【例】今日１日のスケジュール

09：00～09：30　今日の予定の確認、会議の準備、メール対応
09：30～11：30　定期広告会議
11：30～12：30　昼食
12：30～13：00　地方営業所への発送業務
13：00～16：30　**プレゼン資料の作成（②資料を集め、整理する）**
16：30～17：00　明日の準備、メール対応、上司に簡単な報告
17：00～　会食

「縦の計画」から切り出された業務は
「横の計画」に取り込まれて実行される

新人時代のように、作業レベルの仕事が一つずつしかやってこないのであれば、来た順に片づければよいので計画は不要です（それでも時間配分を気にしているかどうかで、スピードや正確さには差が出ます）。

しかし、業務のレベルが上がってくると、一つずつではなく、期日も重要度も関わる人も異なる、複数の作業が時間差で発生します。

日常のルーティン業務から、突発的に頼まれる他の人のサポート、新たなプロジェクト（縦の計画）から切り出されて自分が担当することになった業務まで、さまざまな仕事を実行していくことになります。

忘れがちですが、外に出る機会が多い人は、移動時間もバカにできません。

仕事の発生順に手をつけていき、どれも納期に間に合わせるというのは、普通は難しいので、自分で時間割をつくって、こなしていくことになります。

意識的に訓練していくことで、予定のやりくりがうまくなり、より効率よく時間を使えるようになっていきます。

第2章

「整合性」なくして組織の計画は実現しない

planning 01

計画実現に必要なのはチームの足を引っ張らない人

仕事のやり方がずさんだと敬遠される

組織のなかで仕事をしていくときには、一人ひとりが自分の役割を果たすこと、互いにうまく連携をとっていくことが求められます。

とりわけ、社内で立ち上がるプロジェクトチームに頻繁に呼ばれる人は、このスキルが高い傾向があります。

「そんなこと、会社員だったら誰でもやっているだろう」と思う人もいるかもしれませんが、その精度の高さによって、プロジェクトに呼ばれる人、呼ばれない人の差が出てきやすくなるのです。

事業やチームといった組織単位の計画で狙った通りの成果を出すには、リーダーから末端のメンバーまで、全員の行動に整合性が保たれていることが不可欠です。

とくに大事な取り組みを行うときは、お客さまや上層部からの要求水準も高くなりますので、仕事のやり方に緻密さが足りない人や、詰めの甘い人は足手まといになってしまいます。

いわれたことを実行できればＯＫ

チームで行う仕事には、「リーダー」と「実行メンバー」がいます。

まず、この実行メンバーに必要なのは、最低限「計画を実行できる」能力です。

「いわれたことをきちんとできる」というのは、チームの仕事に確実に貢献し、少なくともチームの足を引っ張らないという点で、プロジェクトの実現には欠かせない人材です。

カギになるのは「実行力」と「責任感」。

とくに若手いメンバーを呼ぶときには、日ごろの仕事ぶりから「実行力」と「責任感」がそろっているかで判断されやすいです。

仕事を任せやすく、スムーズに経験を積ませやすいと考えられるからです。

極端にいえば、現状ではいわれたことしかやれないような人でも、いわれたことを責任をもってやる人なら実行メンバーとしては大丈夫です。

リーダーとしての資質を身につけよう

一方、リーダーに求められる資質は、「計画が立てられる人」につきます。

もう少し具体的にするならば、次のような人材です。

- **自らとことん考え、周囲からも意見を引き出せる**
- **いろんな選択肢のなかから適切な道筋を選び出し、決断をくだせる**
- **人の能力を見極め、適材適所の配置ができる**
- **人を動かし、抜かりのない進捗管理ができる**

組織単位の計画を立てて実行していくには、こうした観点からの決断を何度も繰り返していくことになります。

実行メンバーとは思考の量も責任もまったく違いますし、実際にうまくいったときに高い評価を受けるのは、当然、プロジェクトをまとめているリーダーです。

一方、リーダーの下で一生懸命やる人は黒子になってしまいますが、継続的にチームに貢献していくなかで、将来的なリーダー候補として認知されやすくなります。やっているうちに、リーダーや有能な人たちの仕事の水準（やり方、スピード、完成度、見通し、判断基準など）が、身につきやすくなるからです。

実行メンバーとして呼んでもらったら、上司のため、リーダーのため、将来の自分のために誠実に取り組むことです。

いつの時代もどこの会社でも、重要なプロジェクトにはいつも同じメンバーが集まるものです。チームでの仕事は、リーダーにとっても実行メンバーにとっても、計画力を鍛えていくためのまたとない機会になります。

planning 02

組織の計画には3つの段階がある

では、組織単位の計画の全体像をステップごとに見ていきましょう。

私は、計画を「**目的を示すための計画**」、「**目標を達成するための計画**」、「**役割を遂行するための計画**」の3つにわけて、それぞれ次のように考えています。

①目的を示すための計画

会社で（場合によっては個人でも）プロジェクトや事業を立ち上げるときは、必ず「何のために」という目的が定められ、そこから計画が立てられます。

会社における「目的を示すための計画」は、目的や規模によって、誰が立てるかが変わります。大がかりなものになるほど、主に経営者や役職者などの職位の高い人が責任者となって計画することが多くなります。

たとえば、「〈目的：会社の成長のため〉→〈目標：利益倍増〉→〈期日：５年後〉」といった具合です。

目標を考える際には、市場環境、自社の環境、競合環境、売り上げ計画、コスト試算などを勘案し、「やる」「やらない」「強化」「撤退」などの判断がなされます。**判断のためには比較検討するための数値化が必須で、採算がとれるかどうかシビアに見極める必要があります。**

採算度外視の社会貢献事業などの場合でも、無限に予算があるわけではないので、必ず要素を数値化し、「それでもやる価値があるかどうか」を検討することになります。

「何のために」という目的と、「いくらかかるのか」というコストが、釣り合っているかどうかが基準になってくるということです。

そこまでコストを投じる価値がないと思われるなら、目的をかなえるための別の手段を講じるか、目標のレベルを下げるか、断念するという選択なります。

そして、「いつまでに」という、最終的な期日を詰めていきます。

期日と目標は具体的に決めるのが基本で「〇年〇月末までに、〇億円の利益を出す」というように、数字で表せるものは必ず数字で表します。

②目標を達成するための計画【縦の計画】

「やる」と決まったプロジェクトや事業について、「目的を示すための計画」ができたら、次は「目標を達成するための計画」に進んでいきます。

これが、先ほど述べた計画の【縦の計画】に相当します。

上層部や企画者が考えた「目的を示すための計画」に対して、関係部署や一般社員はどうしたらそれが実現できるのかを考えていかなければなりません。

そのために立ち上げられたプロジェクトのリーダー、部長、最小単位の組織長や当事者が、自分（たち）が担う業務の範囲を確認し、目標達成までのプロセスを具体化していきます。

具体化というのは、どのような方法と手順で進めていくのか、明確にしていくことです。この段階で書き出せないことは実行できません。

プロセスの具体化に、最も重要な情報は「期日（いつまで）」です。

基本的に、スケジューリングは期日から逆算して行います。

期日までの期間がどれくらいあるかで、できることの種類も量も変わってくるため、手順や方法を選択する際の実現性の検証に必要なのです。

方法や手順が決まったらやることを細分化し、そのなかで「誰が」「何を」「いつまでに」やるのかという、より具体的レベルでの目標と期日が決まっていきます。

組織において、一般社員は、このようにあらかじめ細分化された仕事を割り当てられることが多くなります。場合によっては、個々の社員が自分に割り当てられた仕事を、さらに実行しやすいレベルまで細分化することも必要です。

③役割を遂行するための計画【横の計画】

ほとんどの人は、特定の計画のもとでリーダーなどから割り当てられた業務以外にも、日常的な業務があります。

多忙なところに、他の人を手伝ったり、急な打ち合わせが入ったりすることもありますし、自発的にあたためている企画や取り組みなどもあるでしょう。

それらを、漏れなくこなしていくためには、個人のスケジューリングが必要です。

いわゆる「ダンドリ」や「時間管理」のためです。

これが先ほど述べた計画の【横の計画】となります。

今月中に何をするのか、今週中に何をするのか、今日中に何をするのかを、すべて具体的に決めていきます。

自分が担当している仕事は、すべて自分で管理しなくてはなりません。

仕事ごとの目的を理解したうえで、上から期日が与えられない仕事は自分で期日を決めて、他の仕事との兼ね合いも考えながら、確実に目標を達成していくことが求められます。

目的、目標、期日を明確にしなくてもいい仕事はないのです。

planning 03 目標を実現するための方法を決める

「採算性」と「実現性」を兼ね備えている方法を選ぶ

期日までにどうやって目標を達成するのか、そのプロセスを明確にしていくにはどうしたらよいのでしょうか。

目的を前提にして、目標を実現する方法は一つではありません。

問題は「どうやって」その選択肢を決定するかです。

たとえば、「売上倍増」が目標だとします。

それを実現する手段としては、既存顧客のリピート率向上、客単価増、新規顧客の獲得、新製品開発、販売チャネルや代理店拡充、海外展開……少し考えただけでもいくつものやり方が考えられるでしょう。

担当者が自分一人なら自分で、チームでの仕事なら関係するメンバーが、それぞれの立場でこうしたアイデアや意見を出していきます。

できるだけ多くの選択肢を用意したうえで、何をやるべきなのか、何だったら可能なのかといったことを詰めていき、意思決定を行うわけです。

判断の基準は、「採算性」と「実現性」です。

利益が出ないことはそもそもやっても仕方がないですし、時間や能力的な問題などの制約があってできないことは、この段階で排除していきます。

この2つをクリアしたうえで、みんなが意欲をもって取り組めるかどうかも判断の材料になってきます。

予算や期限の範囲内なら、やることを一つに絞る必要はありません。

同時に複数の施策を打つことで、一つの施策が失敗しても他で取り返せればいいですし、全部がうまくいけばより短期で確実に目的を達せられます。

可能な限り全部やるのが確実ですが、それにはコツがあります。

みんなの意識をそろえて、一気に実行に移す

私が全国に小売店を展開している会社にいたときに、「利益倍増計画」が打ち出されたことがあります。

そのときもたくさんの対策案がでました。

一例としてご紹介すると次のようなものです。

「適正な予算配分と責任者の明確化」
「競合調査による業務プロセスの改善」
「仕入れ原価や間接費の低減」
「店舗間連携による機会損失の撲滅」
「店長のマネジメント力強化と権限の委譲」
「売り場改善による商品訴求力強化」
「スタッフの販売トーク強化、マナー向上」

「処遇改善によるモチベーション向上」
「評価制度の改訂と成果に応じた報酬体系の整備」
「毎月の進捗会議による、問題点と成功事例の共有」

なかには、個々の店舗ではすでに以前から取り組んでいる施策もありましたが、個別にやっていては効果に限界がある施策も含め、より大きな成果を出すためにすべてを全社的な取り組みとして行うことにしたのです。

結論から言うと、この利益倍増計画は成功裏に終わりました。

とはいえ、これらの案を、それぞれの担当部門がバラバラに計画を立てて実行していたら、恐らくうまくいかなかったと思います。

うまくいったポイントは、2つあります。

一つめは、最初に全体の計画を立てた際に、「何から取り組むべきか」を大切にした点です。まずは、社員の考え方をガラリと変える必要があることを、各部門のリーダーの共通認識としました。

それまで「売上を上げること」を目標にしていた店長や販売スタッフに対して、「売上ではなく、利益を上げること」を目標にすることを浸透させたのです。

あわせて、人事評価制度も変えることになりました。

「評価基準が売上から利益に変わった」ことを明確にしなければ、いくら口先だけで言ってもスタッフの意識は変わりませんから、これは大きな効果を上げました。

二つ目は、実行可能な施策は、効果の大小に関わらずすべて俎上にのせて、できるだけ一度に実行に移したことです（計画の全体のイメージは、次ページを参照）。

その際、月次、週次で進捗管理と改善対策を回し続ける仕組みをつくり、それぞれの計画を放置しないように徹底しました。

なかには、タイミングの問題などで実行されないままの計画もありましたが、これらはなんとなくフェイドアウトしていったわけではなく、途中で複数の計画を統合する際に取り込まれたり、新たな計画を立てる際の参考になったりするものも多くありました。

施策は一つである必要はありません。最初から切り捨てたり、諦めるのではなく、

責任者：●●社長／プロジェクトメンバー：●●役員、●●役員／外部コンサルタント：●●●●
期間：●年●月～●年●月／目標：営業利益●年●億円、●年●億円、●年●億円

	サブリーダー	目標	期限
	A課長	１０社／月で　●億円	X年X月
		半期で●億円	X年X月
	B課長	会員制の導入と会員数●●●人	X年X月
		売り上げ●％アップ	X年X月
	C課長	●％ダウン	X年X月
	D課長	人員削減●人　品質向上●％	X年X月
		業務効率化●％	X年X月
	E課長	評価基準と評価ツール改訂	X年X月
		賞与制度改訂	X年X月
	F課長	残業時間●％削減	X年X月
	G課長	部長研修の実施	X年X月
		管理職研修の実施	X年X月
		営業・マーケティング研修実施	X年X月
	H課長	販売データ活用の仕組み構築	X年X月
	I課長	在庫管理・棚卸管理による適正在庫の仕組み	X年X月
	J課長	ノウハウとリスクの共有の仕組み構築	X年X月
	K課長	不採算事業の見極めと撤退計画	X年X月
	L課長	人事異動検討	X年X月
		早期退職・転職支援	X年X月

	担当	目標	期限
	a係長	問題部門の洗い出しと原因調査 対策案の検討	X年X月
			X年X月
			X年X月
		適正な人員数の採用と配置	X年X月
	b係長	勤務管理システムの改訂による管理強化と工数削減	X年X月
	c係長	業務効率化●％	X年X月
		残業時間●時間削減	X年X月
	d係長	残業時間●時間削減	X年X月

利益倍増３カ年計画（イメージ）

プロジェクト名	責任者	サブプロジェクト
売上アップ プロジェクト	●●営業部長	新規顧客開拓プロジェクト
		新商材開拓プロジェクト
		優良顧客囲い込みプロジェクト
		販売促進プロジェクト
原価低減 プロジェクト	▲▲管理部長	仕入れ価格低減プロジェクト
		製造原価低減プロジェクト
		業務プロセス改善プロジェクト
人事制度 プロジェクト	▼▼人事部長	評価制度改定プロジェクト
		成果連動型処遇制度改定プロジェクト
		労働時間削減プロジェクト
人材開発 プロジェクト	■■教育部長	意識改革プロジェクト
		マネジメント強化プロジェクト
		営業力強化プロジェクト
ＩＴ支援 プロジェクト	◆◆システム部長	販売管理システム導入プロジェクト
		商品管理システムプロジェクト
		社内情報共有ツール開発プロジェクト
不採算事業対策 プロジェクト	★★事業部長	事業継続検討プロジェクト
		人材プロジェクト

サブプロジェクト	責任者	Ｔｏ-Ｄｏ
労働時間削減 プロジェクト	Ｆ課長	現状把握
		対策部門の検討
		長時間労働の原因調査
		対策案①　人員の補充
		対策案②　労働時間管理手法の構築
		対策案③　業務の見直し
		対策案④　フレックス勤務制度導入
		対策案⑤　変形労働制度導入

計画が大きくなるほど、複数のプロジェクトを立ち上げ、責任の分担を明確にする。

各プロジェクトの目標が大きい場合は、さらにサブプロジェクトに分解し、チームメンバーを選定する。

チーム（数名）程度の目標レベルに落ちてきたら、Ｔｏ－Ｄｏを明らかにしてより具体的な計画を立てる。

計画を柔軟に見直しながら進めていくことが重要です。

どんなに効果的な施策でも、やり方次第でうまくいかないこともあります。

大切なのは目的をどうやって達成するかなのです。

その前提があったうえで、各部署がそれぞれの持ち場にあわせた具体的な計画を立て、実施していきました。

結果、市場環境における追い風もあり、3年目で営業利益が倍になりました。

ボトルネックになっている問題は解決可能か?

目的をかなえるためには、実行可能な目標はすべて計画を立てて実行していくのが確実です。その一方で、いくら効果的だとわかっていても、できない方法にこだわるのは避けるべきです。

資金、技術、時間、能力……。

こうしたところでムリのある計画は、破綻します。

たとえば、「集客のために、超人気アイドルを呼べたら……」というのは誰でも思いつく安易な方法ですが、多くの場合、採算もとれなければ、実現も難しいのではないでしょうか。

要素ごとに見ていくと、次のような点を検討する必要があります。

【資金の問題】

融資を受けるとか、他の予算から回すなど、会社の中でも一部の権限をもった人であれば解決可能かもしれませんが、一般社員には高いハードルです。

目標とする利益額に対して、釣り合いの取れない資金をつぎ込むことはできません。現実には、最初の予測より必要資金がオーバーすることも少なくないので、スタート時点ではリスクを小さめにしておいたほうが安全です。

【技術の問題】

現代の技術では不可能なことや、特許が他社にあるために自社で解決できないことなどがあります。自社で新たに技術開発ができないのなら（もちろん時間も資金もかかります）、別の方法を考える必要があります。

【時間の問題】

人的リソースを投入することで解決する場合と、絶対的に足りない場合があります。必要な人員を確保できない場合や、納期の設定にムリがある場合は、実現は困難になります。

【能力の問題】

時間があれば、既存の従業員が新たに知識やスキルを習得して解決できます。資金があれば、能力のある人を雇用したりアウトソースをすることで解決できます。しかし、時間も資金もなく「現在のリソースのみで行う」という制約がある場合は、素人だけで頑張ることになりますので、失敗に終わるリスクが高くなります。

目的を実現する方法に問題がある場合、どうやっても解決できないものと、一定条件をクリアすれば解決できるものがあります。最良の計画を立てるためには、この段階で見落としがないように丁寧に調査することが必要です。

「どうやって」実行するかが問題

❶計画を実現するための「目標」を可能なかぎりたくさん出し合う

↓

❷「採算性」と「実現性」の観点から難しいものを排除していく

・資金の問題　・技術の問題
・時間の問題　・能力の問題　・その他

↓

❸すべての実行可能な「目標」は、それぞれに対して実行計画を作成する

実行計画は多ければ多いほど
確実に目標達成に近づく

planning 04

「何を」、「誰が」、「いつまでに」やるのかを決める

細々とした実務をすべて洗い出す

方法が決まったら、何をどうやるのか、具体的に洗い出していきます。

洗い出しとは、実際に手足を動かしてやるべきこと（＝細分化された作業）を明らかにすることです。

その着手にあたって、事前に調べておくことや用意しておくものがあれば、それも明らかにします。

自分（チームなら自分たち）以外で、誰かの協力や指導が必要ならそれは誰なのか。外部に依頼しないと難しいことがある場合は、請け負ってくれる業者があるのかど

うかの目途もつけなければなりません。

特許や商標、法的な要件を満たしているかが問題になったり、内容次第では役所への届け出が必要なこともあります。

とくに新しい試みの場合は、わからないことばかりで、洗い出しは大変な作業になります。何が必要なのかを一つひとつ調べていくのは手間暇がかかります。

しかし、こうしたことが計画段階で見えていないと、実行段階になって当初の予定になかった問題が次々と出てきます。

途中で何度も「あ、これが抜けている！」「先にやっておくことがあったのか……」「今から発注すると、そんなに時間がかかるの？」というように、手戻りや時間のロスが発生すると、予定がどんどん後ろにずれてしまいます。

役割分担を緻密に行い、「遅れない」意識を共有する

やるべきことが決まったら、「誰が」「いつまでに」それをやるのか、役割分担を行っ

ていきます。

仕事は、人間が具体的に手足を動かさなければ進みません。

「誰がやるのか」には「どのようにやるのか」が密接に関わってきます。

「どのように」というのは、やり方の話です。

誰でもできることならいいですが、それに詳しい人や慣れている人でなければ難しい場合は、その人のスケジュールを優先して仕事を割り当てていくことになります。

また、大きなプロジェクトになるほど、関係するメンバーも増えます。

各人の役割と責任の範囲を決めておかなければ、お互いに「誰かがやるだろう」と放置してしまう穴ができたり、その逆で何人もの人が気を利かせて同じことをやってしまうロスが発生することもあります。

さらに、メンバー間で、前工程と後工程を担っている人が異なる場合、前工程の人がいつまでにやるか決めておかないと、後工程の人はスケジュールが組めません。

社内外に協力者がいるような場合は、役割の範囲を双方で確認しあっておかなければ、進捗に大きく影響が出てしまいます。

そのうえで、関係者が「絶対に遅れることは許されない」という共通認識を新たにしておきます。

これは計画通りに仕事が進むか、計画倒れになるか非常に重要なポイントです。

とくに、**期間が長くなれば必ず「まだ１年もある」「半年あるからなんとかなる」というような根拠のない余裕が生まれるため、注意が必要です。**

手順を整理して滞らないように対策する

また、手順の確認も必要です。

細分化された「やること」のなかには、順番通りにやらなければならないものと、順番に関係なくいつやってもよいものがあるからです。

前者に関して、順番通りにやらなくてはならないケースとは、次のようなことです。

○作業Aを明後日までに完了するには、作業Aの下準備である作業Bは、明日まで

にやらなくてはならない。

↓

○作業Bをやるには、作業Cすなわち上司の事前承認が必要だ。

↓

○念のため、今日中には作業Cすなわち上司の事前承認を得ておきたい。

この仕事は「作業C↓作業B↓作業A」の順番でしか進められません。

作業Cを放置していると作業Bに手をつけられず、その結果、作業Aにも着手できません。

上司がしばらく出張に出ていたりすると、すべての作業が滞ってしまいます。

この場合、作業Cは上司の都合ありきの仕事ですから、上司のスケジュールをあらかじめ確認しておき、前倒しでやっておく必要があるということです。

こうした一続きの業務は、すべて同じ人が担当している場合は、その人の持ち時間のなかでうまくやりくりできることもあります。

しかし、それぞれ担当している人が異なる場合は、何人もの人のスケジュールに影

洗い出しができたら「それぞれに」計画を立てる

【それぞれの計画に対して決めること】

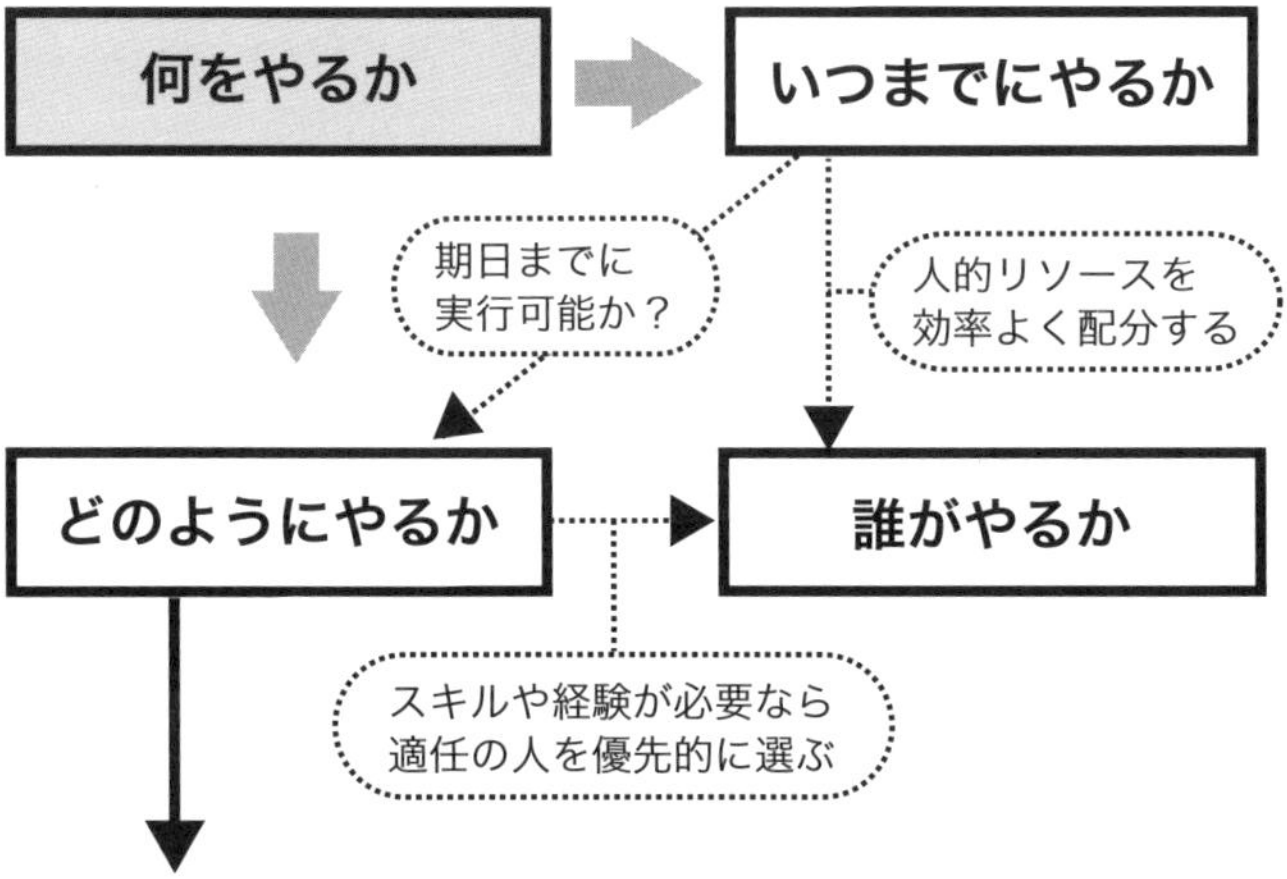

手順を整理し、誰がいつまでにやるのか決める

〈例〉

	担当者	期日
作業C	鈴木	8月30日
作業B	山田	9月1日
作業A	高橋	9月2日

「手順」が重要な仕事は、
スケジュールを綿密に組んでいく

響が出ますので、常にスケジュールに目を光らせておくことが欠かせません。

ここまでに、洗い出した仕事のそれぞれについて、「何をやるか」「誰がやるか」「いつまでにやるか」「必要な手順」が決まりましたので、あとは期日から逆算してスケジュールに落とし込んでいきます。

planning 05

計画にそって進めていく

進捗のマネジメントを徹底し、計画倒れを防ぐ

仕事の計画がスケジュールまで落とし込めたら、それに従って実行していきます。「いつまでに」、「誰が」、「何をやるか」が、具体的に決まっていれば、あとはそれをやるだけで実現に近づいていきます。

スケジュールにそって仕事を進めることは、自分自身の仕事の管理をすることにもなります。スケジュール通りなのか、遅れているのか、進んでいるのかを日々確認することで仕事をマネジメントしていくことができるのです。

管理者やプロジェクトマネジャーは、プロジェクトの進捗をつねに把握し、予定通

りに進んでいないメンバーがいれば、挽回するための適切な手を打っていきます。

各メンバーの個人レベルのスケジュールは、管理者と共有しておけば、報連相を効率化し、困ったときにいち早く対策しやすくなります。

予定より早く進んでいる場合は、時間に余裕があるので、品質を上げたり新しい施策を考えたりできます。

予定より遅れている場合は、その原因を明らかにし、早急にリカバリー案を考えて軌道修正もしなければなりません。

スケジュール管理の精度によって、目標が実現するか、計画倒れになるのかが決まります。

当初の計画に執着せず、臨機応変に

計画の実行段階では、単に遅れを取り戻すということではなく、計画自体を調整・変更していかなければならない場合もあます。

長期にわたる計画の場合は、実行している途中で、環境の変化、ユーザーニーズの変化、競合他社の動向の変化、社内リソースの変化などが起こります。

そういった変化を無視して、当初の計画に執着するのは失敗のもとです。

つねにアンテナを張り、必要に応じて柔軟に計画を変更していく姿勢が必要です。

状況によって納期が厳しくなれば、スケジュールを最初から見直す事態になることや、撤退を検討しなければならないこともあります。

繰り返しになりますが、計画というのは一度決めたら終わりではなく、流動的なものです。

もともと計画を立てる段階で未知の要素がたくさんあるのですから、途中で大きく変更されたり、別の計画と統合されたり、その仕事自体がなくなることもあります。

そのたびに、頭を切り換えて新しい計画を作っていく、その繰り返しなのです。

第3章

ムダが出にくい個人の予定の組み方とは？

planning 01

個人のスケジュールの合理的な組み方

この順番で日程を押さえていこう

第1章で述べたとおり、計画には、特定の目的や目標を達成するための【縦の計画】と、日常の仕事をこなしていくための【横の計画】があります。

これらの計画を立てていくうえでは、第2章で述べたように、仕事を細分化することが必要です。

ここでは、細分化が済んでいることを前提に、個人の日常のスケジュールをどのように立てていくかを解説します。

個人のスケジュールは、主に【横の計画】で把握することになります（この【横の計画】なかに、【縦の計画】から切り出された業務も落とし込まれてきます）。

それでは、具体的に見て行きましょう。

まずは納期を確認し、緊急の仕事があればそれを優先的に予定に入れていきます。

それ以外の場合は、次の順序でスケジュールを組んで、予定を固めていきます。

①自分以外の人が関わっている予定をまず固める

お客さまや取引先との約束といった対外的な予定、出張の予定、社内外を問わず会議の予定などは、関係者と早めに連絡をとって最初に時間を確保していきます。

早期に調整しないと、なかなか全員の予定があわずに時間がムダになるリスクが発生するためです。

定例のミーティングに関しては、〝毎週月曜10時〟といったように固定してしまうか、そのミーティングの最後に、次の日程を決めてしまうと話が早いです（不要なものや短縮可能なものは効率化も検討します）。

お客さまの予定などは突発的なものもあるので、臨機応変にスケジュールを組み直す必要もありますが、優先することは同じです。

②まとまった時間が必要な仕事から順に組み込んでいく

細切れ時間ではやりづらい、まとまった時間が必要な仕事から先に予定に組み込んでいきます。たとえば、何かの作業に丸1日かかるという場合、1日何も予定がない日を先に確保してしまわないと、あとから予定を入れることは困難です。

③空いた時間に残りの仕事を入れていく

短時間で終わる仕事や、長時間集中する必要がない仕事は、残りの時間に予定を入れていきます。突発的な仕事が入って予定が変わってしまう場合は、時間のかかる仕事を調整するのは難しいですから、時間のかからない仕事を調整していきます。

週単位の予定は、週のはじめに組み直していく

計画を実行するには、より具体的な計画の作成、つまりスケジュール化が必要です。スケジュールは、月単位、週単位、日単位、時単位と細かくするほどつくるのは大変ですが、実効性が高まっていきます。

予定を埋めていく順番とは？（その１）

①自分以外の人が関わっている予定を固める

お客様や取引先など外部の人との約束、出張、会議などは、
早期に連絡をとって日程を押さえてしまうことが大事。
定期ミーティングでは次の予定まで決めてしまう。
予定が合わずに時間がダラダラとムダになるリスクを減らす。

②まとまった時間が必要な仕事を入れていく

細切れ時間ではやりづらい仕事、まとまった時間でやったほうが
効率がいい仕事を、優先的にスケジュールに組み込む。
先に入れておかないと、あとから時間をあけるのは困難なため。

③空いた時間に残りの仕事を入れていく

①と②に当てはまらない仕事を、残りの時間に入れていく。
比較的短い時間でできたり、集中を要しない仕事が主になる。
突発的な仕事が入ったり、計画に遅れが出たりしたときは
この③の仕事のなかでやりくりして調整していく。

↓

突発的な予定が
入りやすい人は、
「**随時計画**」
もプラス！

◉今週どこまでやるのか決める

◉その結果を踏まえ、翌週の
はじめにその週の予定を決める

**仕事をコントロールしやすいように、
時間を配分しよう**

ただし、これらはすべて、「やることが明確に」なっていなければなりません。現実の仕事では、1カ月先まで、やることがすっかり決まっているなんていうことはありませんから、あくまで理想です。

実際には、すでにやることが決まっていることと、これから決まること、突発的に起こることを、うまくスケジュールに落としこんでいく必要があるわけです。

一般的な会社員の場合、日程が明確になった状態でスケジュールが埋まってくるのは、向こう2~3ヵ月くらいではないかと思います（もちろん、なかには半年先や1年先でも日程が決まった予定があるかもしれません）。

そこで先ほど述べたように、会議や出張などの、関係者の予定を合わせる必要がある仕事と、時間のかかる仕事から予定に入れていきます。

次に、担当する仕事の期日がハッキリした段階で、「〇月〇日までにここまで進めておかなければならない」という月単位のマイルストーンを置きます。

そのあとに、そのマイルストーンに届くために、週単位で何をやるかを決めていきます。

もし、突発的な仕事が入ったりして予定通りに進まなければ、今後の計画を変更していかなくてはなりません。

予想外の仕事が入る頻度が高ければ、今週はどこまでやるかを決めて実行し、翌週になったらその結果を踏まえて、またその週に何をやるかを決めて実行する、というように随時計画を修正していくことになるでしょう。

その合間にも、細かな仕事を入れていくことになります。

スケジュールの組み方は、人によってやり方があるため、上司とすれ違ったり、時には厳しく指導されたりすることもあります。

ここでご紹介した基本的な考え方をベースにして、状況に応じて上司と相談しながら仕事の進め方を決めていくとよいでしょう。

planning 02

定型業務を先にスケジュールに落とし込む

定型業務はスケジュールが立てやすい

緊急の仕事以外では、「自分以外の人が関わる業務」、「まとまった時間が必要な業務」の順に予定に入れていきます。

そして、それ以外の仕事を残った時間に入れていくのですが、その際には次の点に注意が必要です。

仕事には「定型業務」と「非定型業務」があります。

どんな仕事をしている人にも「定型業務」と「非定型業務」がありますが、まず定型業務をスケジュールに組み込んでいくのです。

定型業務とは、やり方が決まっていてマニュアル化しやすく、繰り返し行われるため習熟しやすい業務です。毎年決まった時期に行う、毎月行う、毎日行う……といった、いわゆるルーチン業務です。

人事の仕事に例えるならば、年に1回行う年末調整の仕事、毎月行う給料計算の仕事などが定型業務になります。

一方、非定型業務とは、決まった手順がなく、自分でその都度必要な作業を考えなければならない仕事です。

社内にノウハウが蓄積されておらず、手探りで行う部分も多いため、担当する人固有の経験や知識、要領のよさなどに、成果や要する時間が左右されます。

人事の仕事に例えるならば、人事制度の設計、新分野の企画と実行、社内の課題解決のための取り組みなど、正解のないところに、プラスの効果や結果を出す仕事です。

手順が明確に決まっていないため、定型業務に比べ計画が立てることが難しくなります。

なぜ定型業務を先に予定に入れるかと言うと、日程を決めやすい場合が多いからです。

その業務は、どれくらいの頻度で行うのか？

1回にどれくらいの時間を要するのか？

定型業務は頻度がわかれば、スケジュールは非常に立てやすいです。

たとえば、毎月の業務ならば「毎月10日に実施する」、毎週の業務ならば「毎週金曜日に実施する」と決めてしまえば、あとはそれを繰り返していくだけです（先に別の予定が入っている日は、近い日程にします）。

そうすると、その他の仕事は違う日時に行うことが自然と決まります。

また、定型業務は所要時間の見積もりがしやすいため、期日から逆算して仕事をいつから始めればよいかがわかりやすいです。比較的トラブルも少なく、予備の時間もそれほど必要ないので、スケジュール管理も容易です。

逆にいえば、定型業務は、どの仕事に毎回どれくらい時間が必要かを把握しておくことが、仕事の精度を上げていくポイントといえます。

ある仕事に1日かかるのか3日かかるのか目安があれば、現段階で遅れているのか、進んでいるのか判断できます。

一件につきどれくらい時間がかかるのかがカギ

ただし、定型業務の中にも、所要時間の変動がある仕事もあります。

たとえば、毎月の伝票処理などは、月によって１００件だったり、３００件だったり、１０００件だったりします。

すると、先月は1時間で終わった仕事が、今月は3日かかるということが起きます。

そのような場合は、１件当たりの処理に必要な時間を把握しておきます。

そうすれば、今月は〇件だから１日あればできるとか、３日必要だというようにスケジュールが立てられます。

1年スパンで見たときに、「9月と3月は件数が多くていつも１０００件程度あり、7月と8月は少なく50件程度……」などのように、月々の業務量の変動まで把握しておくと、長期的なスケジュールも立てやすくなります。

正確に数多くの仕事を遂行するために

私は、定型業務の割合が多かったころ、3カ月ごとにデイリースケジュールをつくっていました。日々何をやらなければならないかを、1年間を3カ月単位に区切ってスケジューリングしていたのです。

定型業務は、やることも時期も決まっていることが多いので、一度つくってしまえば、毎年、業務スケジュールを若干調整するだけで済みます。

「毎月何日はこれをやる日」「毎週何曜日はこれをやる日」と決めてしまうことで、仕事の抜け・漏れを防ぐことができ、与えられた業務をやりきることができました。

「定型業務なんて簡単だろう」と思う人もいるかもしれませんが、仕事には簡単かどうかだけでなく、重要度の物差しもあります。

件数をこなさなければならず、正確かつ確実に遂行されなければ外部からの信用に関わるものも多いので、その意味では、まさにスケジューリングが欠かせない仕事とも言えます。

予定を埋めていく順番とは？（その２）

〈予定に入れる優先順位〉

①自分以外の人が関わっている仕事
②まとまった時間が必要な仕事

③残りの仕事

定型業務　　非定型業務

こちらを先に予定に入れる

◉毎年、毎月、毎週、定期的に行われるので、日程の目途がつく
◉「毎月 10 日」「毎週金曜」などと決めることで漏れを防げる
◉所要時間を正確に見積もりやすく、他の業務に影響しにくい

自然と、「非定型業務」の予定を入れる
日程が絞られてくる

急ぎでない場合は、
「定型業務」→「非定型業務」の順番

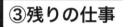

当時、私がつくったそのスケジュールは、後輩や部下に引き継がれて代々使われ続けました。

時間が経てば、仕事の内容もやり方も少しずつ変わっていきますから、それぞれの担当者が使いやすいようにアレンジしたり、それをもとに業務の適正な流れを見直したりして、数年のうちにかなりの効率化が進みました。

定型業務といっても、求められる変化に鈍感だとトラブルになったり非効率になったりします。その都度、見直していくことも大切です。

planning 03

非定型業務をスケジュールに落とし込む

残った非定型業務でスケジュールを調整する

最後に、残った非定型業務をスケジュールに組み込んでいきます。スケジュールに落とし込む段階では、すでに業務の細分化が済んでいることが前提ですが、ここでは復習の意味も込めて、全体のなかでの「非定型業務」の仕事の進め方について再度解説していきましょう。

非定型業務の仕事の進め方は次の通りです。

①やるべきことを一つひとつ、細かく洗い出す

②やることを整理して、手順を明らかにする
③スケジューリングを行う

このうち、①と②については、すでに80〜86ページで見てきました。

①やるべきことを一つひとつ、細かく洗い出す

業務を細分化して、やるべきことを洗い出していきます。

できるだけ細かく洗い出したほうが、一つあたりにかかる時間の予測の精度が上がり、進捗管理もしやすくなります。

ただし、洗い出し目の粗さは、業務内容によってレベルが変わってきます。

一つの作業に数日がかりのこともあれば、5分で終わるものもありますので、書き出した分量が少ないからといって、それがダメだというわけではありません。

②やることを整理して、手順を明らかにする

やるべきことを洗い出したら、整理して実際に行う順番に並べ替えます。

「非定型業務」をスケジュールに組み込もう

①やるべきことを一つひとつ、細かく洗い出す

洗い出しの目の粗さによって差が出る（業務によりさまざま）。細かく洗い出したほうが、一つあたりにかかる時間の予測の精度が上がる

②やることを整理して、手順を明らかにする

洗い出した一つひとつの仕事を、整理して、実際に行う順番に並べ替える。これによって手戻りやムダな待ち時間などを減らし、効率的に仕事を進めていける

↓

「自分以外の人が関わる仕事」と「まとまった時間が必要な仕事」を抽出してスケジュールに落とし込む

↓

「定型業務」をスケジュールに落とし込む

↓

③空いている日程に、残りの仕事を組み込む

残った「非定型業務」を、スケジュールに落とし込んでいく。すでに埋まっている予定を見ながら、手順通りに仕事が進むように整合性をとってはめ込むのがコツ

融通が効きにくい仕事が先、
効きやすい仕事を後に予定を立てる

この並べ替えを上手にやれば、効率のよい仕事の流れが見えてきます。

たとえば「Aの作業とBの作業のあとに、AとBをあわせてCの作業をする」というような相関を明らかにするわけです。

仕事の手順がわかると、完了までの道筋が決まるため、仕事が進めやすくなります。

③スケジューリングを行う

全体を俯瞰して、細分化した仕事を、スケジュールの空いているところに落とし込んでいきます。

まず緊急の仕事を予定に入れます。

Aの作業時間が1日で、Bの作業時間が2日かかるなら、Cを始めるまでに3日必要ということになります。

もし納期から逆算したときに2日しかなかったら、Bの作業を2倍速でやるか、残業と徹夜を覚悟するか、誰かに手伝ってもらって2人でやれば1日で終わるのかというように仕事の進め方を検討していきます。

ここまでできたら、あとは「自分以外の人が関わる仕事」→「時間がかかる仕事」→「定型業務」→「残った非定型業務」の順に、手順を考慮しつつ落とし込んでいきます。

トラブルなどのリスクを想定する

③までできていれば、あとはこれにそって進めていくだけです。

しかし、途中でさまざまなトラブルが起こることも想定されます。

たとえば、次のようなことはどんな仕事でも起こりうることです。

「急なクレーム対応でＡの作業が予定通り進まなかった」

「Ｂに品質不良が出てやり直しを余儀なくされた」

「Ｃの作業をやるはずだった人が入院することになった」

他にもその仕事固有のトラブル、過去の経験上不安なこともリストアップします。

リスクの想定ができたら、あらかじめ回避方法も用意しておくと安心です。

Ｂに品質不良が起きないように、「チェックする」という作業を追加しておくなど、あらかじめリスクをつぶしておくのです。

また、ふだんから、クレームが来た時の対応を決めておいたり、突然の入院などでも仕事が滞らないようにマニュアル化や情報の共有をしておいたりすれば、いざというときに代打を頼めます。

このようにして、突発的なトラブルに左右されにくい体制を整えておくことが、計画倒れを防ぐことにつながります。

planning 04

リスク対策はどこまでやればよいのか

トラブル時のダメージに見合うかどうか

計画を立てていくうえで、事前にリスクを想定することは重要なことです。

とはいえ、どんな仕事でもどこかに必ずリスクがあり、すべてを想定していたら、時間はいくらあっても足りません。

相手がお客さまであれば、何を重視しているのかをヒアリングすることで、リスクの範囲を狭めていくことができます。

一方、自分が主体となって進めている仕事の場合は、何が許容できないことで、何が許容できることなのかを、自分で決めていく必要があります。

たとえば、「本日の営業報告をメールで上司に送る」という場合、必要最低限であれば次のようにすぐできると思います。

「〇月〇日　××社訪問
開発担当部長と面会し、A商品を提案したところ前向きに検討したい旨の打診あり。至急詳しい資料と見積もりを依頼される。
明日、19時に会食の約束をしており、その場に提案資料と見積もりをもっていくことになったため、部長の同伴をお願いしたい」

この程度の報告であれば、5分もあれば十分でしょう。
しかし、次のようにさまざまなリスクを考え出すと、やることが増えて、何倍も時間がかかってしまいます。

「自分の認識が間違っているとマズいから、客先との打ち合わせを録音したものを議事録として添付したほうが、部長にも正確に背景や経緯が伝わるだろう」

「見積もりをつくってみたけど、もう少し根拠のあるデータをつけないと部長も決裁できないだろう」

「客先の決裁のルールや決裁者の状況なども、知らせておいたほうがいいだろう」

「失注しないよう、客先の開発担当部長の性格や好みをリサーチしておこう」

想定されるリスクに対策を考えておくのは大事ですが、トラブル時に被る損失や発生する可能性に見合わない、多大な手間をリスク対策に投じるのは非効率です。

このケースのように、明日の会食までの限られた時間のなかで、あれもこれも行うのは現実には難しいことも多いでしょう。

たいていは最初の手短な報告で十分なはずですし、上司から質問があったときに的確に答えられるようにしておけば大丈夫でしょう。

リスクの影響度の強さを判断する

一方で、トラブルの可能性がある程度考えられる場合は、精度の高い計画を立てるためにも、具体的なリスクを書き出すことをお勧めします。
手順は次の通りです。

①想定できるリスクをすべて書き出す
②書き出した各リスクの、影響度の大きさを「大／中／小」に分類する
③「大」のものから順に検討し、必要な場合は対策を考える。事前に手を打つことで回避できる場合は、対策の実行を計画のなかに入れてしまう
④影響度が「中」なら事前準備は不要。ただし、万一のために対処法だけは検討しておくと安心
⑤影響度が「小」なら検討不要

一見簡単なように見えますが、何をリスクとするのか、発生する可能性はどれくらいかといったことは、あくまで主観なので個人差が生まれやすいです。

まったく知識も経験もない場合は、仕事自体がよくわからないため、先輩や上司を頼ってポイントを教えてもらうことで、トラブルを事前に減らすことも有効です。

「リスク対策」の考え方

①想定できるリスクをすべて書き出す

②書き出した各リスクの、影響度の大きさを
「大／中／小」に分類する

③「大」から順に検討し、必要な場合は対策を考える。
事前に手を打つことで回避できる場合は、
対策の実行を計画のなかに入れてしまう

④影響度が「中」なら事前準備は不要だが、
万一のために対処法だけは検討しておくと安心

⑤影響度が「小」なら検討不要

ただし、分類は主観に頼ることになるので
経験が少ない人は注意が必要

◉上司や先輩にポイントを教えてもらう

◉仕事を細分化する過程で、一つひとつの仕事に対して
「もし、こんなことが起きたらマズいな」と想像してみる

**リスクを考えすぎるのもムダだが、
経験を積むまでは慎重に進めよう**

また、**仕事を細分化していくなかで、その一つひとつに対して「もしもこんなことが起きたらマズいな」と想像してみると、穴を埋めやすくなります。**

経験を積んでいけば「過去に似たようなことがあった」というように、実際に起こりそうなトラブルを想定しやすくなり、リスク対策も的確にできるようになります。

制約条件は早めに押さえよう

仕事をしていると、自分の権限や能力の範囲ではどうにもならない「制約条件」に出会います。制約条件とは、その仕事を進めていくうえで、守らなければならない絶対的な条件です。

仕事に手をつける前に確認をしておかないと、あとで必ずムダなやり直しやトラブル等が起きてしまいます。

たとえば、「安全性」は、お客さまのニーズのなかで代表的なものです。

「安全性を第一に考えてほしい」と言われているのに、ハイリスクなサービスを提案しても、ほとんどムダに終わるでしょう。

自分がお客さまに勧めたい提案と、お客さまにとって都合がいい提案は、一致するとは限りません。

また、人事部の仕事の例でいえば、「労働組合等従業員を代表する者に意見を聞いてから、就業規則を変更し、労働基準監督署へ届出る」というように、法的に定められた手順を踏むことが必要なものがあります。

こうした仕事は**手順を無視して進めてしまうと、すべてが無効になってしまいます。**

さらに注意が必要なのが「どんなによい提案でも、B社の部長に気に入られなければ受注はない」とか、「社長の決裁をもらうには、事前に個別説明をしておかないといけない」などといった〝暗黙のルール〟です。

決裁者の性格的なことや、企業文化、風土といったものは、自分ではどうにもできません。先方から明確な条件として提示されることも少ないので、こちらから気を利かせて聞き出しておく必要があります。

制約事項があると窮屈に感じられますし、アイデアも制限されてしまいますが、その分やっていいこととやってはいけないことが明確になるので、取捨選択が容易になり、何をすべきかの計画も立てやすくなります。

計画を立てるときには、最初にこうした制約事項をできるかぎり把握しておくほうがムダがありません。

「制約条件」はなるべく早めに押さえよう

〈計画を立てるときに念頭におくこと〉

◎お客様のニーズを優先する

お客様が「安全第一」と言っているのに、ハイリスクな提案一辺倒では、ほぼムダに終わる。自分が良いと思う提案が、お客様にとっても良い提案とは限らない

◎決められた手順を守る

一定の手順を踏むことが条件となっている場合は、効率を犠牲にしても必ずその通りに行う。結果的にすべてが無効になってしまっては元も子もない

◎暗黙のルールに敏感になる

「Ｂ部長に気に入られなければ、受注はない」というふうに、会社ごとの傾向や文化があるケースもある。正攻法でいけることばかりではないので、念のため情報収集も怠らない

↓

制約条件があると、窮屈だしアイデア制限される。一方で、何をするべきかの取捨選択が容易になり、最初の段階でムダをそぎ落とすことが可能になる

相手先の条件を軽んじるのはＮＧ。誠実に対応するほうが結果が出やすい

planning 05

どれくらい余裕をもって時間をとるか

想定する時間より1・5倍かかると考える

過去の経験から「新規の提案書は3日かかる」とか「過去の提案書が使えるなら1日で終わる」というように見積もっていても、突然のトラブルや、ちょっとしたミスなどが起こって、予想外に時間がかかってしまうことがあります。

私自身も、何週間もかけて作った60ページの研修資料が、突然パソコンが動かなくなって消えてしまったことがあります。

研修日が迫っているなかでのこうしたトラブルは、致命的ともいえます。

USBメモリや、外付けのハードディスクなどに保存しておけばよかったのですが、あとの祭りです。

ゼロから考える必要はないので半分くらいの時間で再度つくり直しましたが、思い出しながらの作業はそれなりに大変です。

仕事をするときには、スケジュールに余裕を持たせることが大事です。

非定型業務に関しては、1・5倍程度見積もっておくと安心です。

過剰に時間を見積もると、今度は他のやるべきことがこなせなくなります。

常に最悪のことが起きるわけではないため、リスクに対する準備があるならば、1・2倍にするなど少なくてもよいでしょう。

仕事の案件ごとに、余裕時間を調整しながら時間を見積もっていきましょう。

「仕事Aはトラブルが起きる可能性がないので、1時間きっかりで十分」

「仕事Bは問題なく進みそうだけれど、取引先から連絡が来るので、30分ほどプラスで見積もっておこう」

「仕事Cは、他部門の協力次第なので、2倍程度は見ておこう」…という具合です。

仕事はすべて自分のペースで進められることは少ないものです。

お客さまのペースに合わせなくてはならなかったり、複数の案件を同時並行している場合に、いろいろな業務を断片的に進めざるを得ないことで非効率が生まれ、思いのほか時間がかかってしまうこともあります。

自分ひとりで一つの仕事に集中できれば単純ですが、普通の会社員でそれは難しいので、時間に余裕を持ったスケジュールを立てましょう。

「三点見積もり」とはなんだろう

もう一つ、一般的な時間の見積もり方に「三点見積もり」という考え方があります。

三点見積もりは、「最頻値」「楽観値」「悲観値」という3種類の見積もりから、妥当な時間を見積もる方法です。

まず、普段の経験から「この仕事は3日あればできる」と見積もったとします。

これを一般的には「**最頻値**」といい、現実的かつ、妥当な見積もりといえます。

一方で、「万一、予定していた納品が遅れたらどうしよう」「来週は台風がくる予報だった」などと、小さくてもゼロではないトラブルの可能性もあります。

もし、そうしたトラブルが起きたとしても「これだけの時間を見積もっておけば間違いない」という、かなり余裕をもった見積もり方もあり、これを一般的に「**悲観値**」といいます。

さらに、自分としては「保険として、できるだけ余裕のあるスケジュールにしておきたい」と思っても、お客さまが急いでいてあおってくることもあります。

依頼先から「いつできる？」などと問い詰められると、「トラブルが起きず、全力で取り組んだ場合に、最速でいつできるか」を考えざるを得ないこともあります。

このように、「全力でやって、何も問題がおきなければ、できる」という認識のもと、リスクを想定せずに出した見積もりを、一般的に「**楽観値**」といいます。

３点見積もりとは、この、最頻値と悲観値と楽観値を、４：１：１の比率で平均化したものです。

6回あれば4回は、通常通りでき、1回はトラブルが起き、1回は早くできることを想定した平均値となり、次の式で計算します。

（最頻値×4＋悲観値＋楽観値）÷6

たとえば、通常5日で行える仕事（最頻値）を、トラブルを想定して7日と見積もり（悲観値）、最速でなら3日でいける（楽観値）と考えるならば、「**（5×4＋7＋3）÷6＝5日**」となります。

したがって、この仕事は5日で見積もっておけば概ねよいという考え方です。

とはいえ、見積もりの仕方は、置かれた状況によって変わります。

明らかにに問題が起きることが想定されるなら悲観値で計画するべきですし、他の仕事を抱えているわけでもなく、一つの業務に集中できる環境なら、楽観値で計画しても問題ないでしょう。

非定型業務の余裕時間の見積もり方

仕事は、必ずしも自分だけのペースでは進められないので、余裕の時間が必要

【例】
・まとめてやれば早い業務を断片的にやらざるを得ないケース
・お客様のペースにあわせて進める必要があるケース

〈想定の 1.5 倍を見積もる〉

基本的には、かかると思われる時間の 1.5 倍でＯＫ。

常に最悪の事態が起こるわけではないので、リスクがない、あるいはリスク対策があるなら 1.2 倍程度でもよい

〈三点見積もりで割り出す〉

（最頻値 ×4+ 悲観値 + 楽観値）÷6、で割り出した日数。
最頻値：だいたいこれくらいで終わるだろうという日程
悲観値：たとえトラブルが起きても、確実に守れる日程
楽観値：「問題はない。きっとできるはず」という最短日程

必要な時間の見積もり方は、置かれた状況で判断していく

planning 06

仕事のボリュームを調整しよう

個人の実力によって振り幅が変わる

スケジュールを立てる上で、仕事のボリュームを把握しておくのは基本です。定型業務のボリュームは比較的つかみやすいですが、非定型業務の場合、自分がどれくらいの密度でやるかで決まる部分が少なからずあります。

また、自由度の高い仕事ほど、個人のスキルや経験、やる気によって、時間あたりで出せる成果が違ってきます。

そこで押さえておかなければならないのは、仕事には、会社として「やるべき量」と、現実的に「やれる量」と、自分が「やりたい量」があるということです。

「やるべき量」はクリアするべき最低ライン

「やるべき量」とは、その仕事を求めている人（発注者）のニーズによって決まります。たとえば、リスクに対してどこまで備えるか。

リスクとは、想定している結果に対する「ぶれ幅」のことです。

次のような提案があったとしましょう。

「今回の働き方改革により、残業が一人当たり10時間減ることで、労働時間を理由とした退職者を５％防止できれば、採用人数も削減でき、採用コストも年間３００万円の削減が見込めます。

ただし、残業の削減効果が出るまでに半年程度かかると思われ、その間は本改革実現のために50万円の投資をコストとしてみなければなりません」

この「ただし…」の部分がブレ幅であり、リスクです。

「50万円のコストはのちのち回収の見込みがあり、先行投資である」と考えれば、リスクに備える必要はありません。

一方、「改革が定着しなかったら？」、「残業時間が、一人あたり5時間しか削減されなかったら？」、「退職率が改善しなかったら？」などと考え出すと、それぞれをシミュレーションし、検証するだけでも相当な時間がかかります。

リスクの想定範囲は、人によって広さも深さも異なるため、発注者が何を重視しているのかをヒアリングして詰めて行く必要があります。

「リスク対策として求められているレベル」を知るためには、相手の表面的なニーズ（このケースでいえば「働き方改革を実行する」）**を聞くだけでは不十分であり、そのニーズの背景にある本当の目的が何なのかを引き出さなければなりません。**

たとえば、「社員の健康を最優先にした健康経営が目的のため、多少のコスト増は許容する」ということなら、コストがかかっても目的を達したいわけですから、リスク管理の幅を狭めることができ、クリアすべき最低ラインが見えてきます。

これが「やるべき量」です。

「やれる量」は〝能力×時間〟で決まる

現実的に「やれる量」は、自分の能力と持ち時間によって決まります。

一人でやれる量は、当然ながら担当者自身の能力に比例する部分が大きいです。

一人で3人分の仕事はこなせないし、スキルが必要な仕事に取り組むには、そのスキルを習得する時間も考慮する必要があります。スキルの習得と実務を平行して行う時間的余裕がない場合は、スキルをもっている誰かに補ってもらうしかありません。

人は自分ができることしかできませんが、協力してくれる人がいれば、やれる量を増やすこともできます。

納期から逆算して自分がやれる量を考え、能力や時間が足りない場合は上司や同僚に協力を要請することになります。

ただし、2人や3人態勢でチームを組むなどする場合は、役割分担を含んだ計画を作成しなくてはなりません。

「やりたい量」は顧客の要望から乖離しないようにする

「やりたい量」は、自分自身が「ここまでやりたい」とか「これをやりたい」と望んでいる自分のニーズによる仕事量です。

「10日で1000万円の売上」が上から与えられた目標だとすると、「自分は10日で1100万円の売上を目標にしよう。そのためには1日あたり110万円の売上が目標！」というのが、自分がやりたい量です。

目標は高めにしておけば、少なくとも上から与えられた目標は達成しやすいというのもありますし、自分に負荷をかけることで成長したい、求められる以上の成果を出すことで高い評価を得たいという気持ちもあるかもしれません。

ただし、「やりたい量」が大きくなれば、普通はその分だけ時間もかかります。

業務によっては、余分に時間をかけることを求められていないこともあります。

たとえば、営業担当者がお客さまのニーズに基づいて提案をする際に、市場や同業の調査をどこまで行うかによって、提案内容の作成にかかる時間は変わります。

残業につぐ残業で頑張った結果、お客さまから「そこまで求めてないからもっと安くしてよ」などと言われることもあるのです。

こうしてムダになった時間（＝費用）は取り戻せませんので、計画を立てるときは冷静な判断が必要です。

「やるべき量」、「やれる量」、「やりたい量」は、使う場面が異なるものの、どれも自分が仕事をするときの目安として必要なものです。

そして、スケジュールを立てるときのベースになるのは「やるべき量」です。

「やるべき量」が、自分が「やれる量」を越えている場合は、メンバーで分担したり、一時的に誰かに応援を頼むなどして対応していくことになります。

planning 07

休むことも計画に入れる

計画力がプライベートも左右する

昨今、働き方改革とか、休み方改革という言葉をよく耳にします。私も、社会人になって以来、大量の仕事を若さで乗り切ってきたタイプですので、考え方を大きく変えなければならない人間の一人です。

予定を組むときは、「忙しいのだから休めなくて当然」ではなく、「忙しくても休むときは休む」、「疲れる前に体を休める」という姿勢でいることが大事です。

別に休みたくないという人も、月に1日くらいは休みを予定してもよいのではないでしょうか？　「休んでもやることもないし……」という人は、単純に休み慣れていないことが原因とも考えられます。

計画力を鍛えていれば、プライベートもより充実したものにしていけるでしょう。

そもそも休日も取れない、残業も当たり前のスケジュールで仕事をしていたら、突発的なニーズが発生したり、お客さまにトラブルが起きたときに、対応のしようがありません。

余裕を持ったスケジューリングでいざというときに備え、自分自身の公私の充実を図っていくのが健全なあり方だと思います。

意識の変化は全国的に起こっている

日本企業は従来「お客さまは神様」の精神で、働く側の気力と体力と精神力で乗り越えてきた過去があります。

そのしわ寄せが、現代の、多くの働く人たちの心身の不調の増加に繋がっているとも言えます。

しかし、現在ではこの社会的な意識の変化は大きな広がりを見せているので、お客さまの理解も得られやすくなっているはずです。

若いからといって（あるいは体力があるつもりで）ムリを続けていると、気づかないうちに視野が狭まり、体調を崩したり、うつ状態にはまってしまうこともあります。計画の遂行にも支障を来し、結果的に多くの人に迷惑をかけてしまうことになっては本末転倒です。

第4章

目標を見失わない進捗管理のポイント

planning 01

計画に遅れが生じたらどう行動するか

進捗は、毎日見直して把握する

「仕事の進捗管理」と聞いて、あなたはどのようなものをイメージするでしょうか？私が見ている限り、「昨日は何ができた」とか、「今日はここまでできた」というように、毎日、何がどこまで進んでいるのかを把握して、上司などに聞かれたらすぐに答えられるようにしておくことだと思っている人が多いようです。

たしかに、現状の進み具合を正しく認識し、上司やチームリーダーなどの責任者に報連相するのは、進捗管理の一部です。

しかし、進捗管理でより重要なのは、計画より遅れている部分がないかどうかのチェックです。

計画通りにできなかったことが見当たらなければチェックして終わりでよいですが、遅れがあった場合はどう挽回するのかの対策を立てなければなりません。

対策案を考えるのは、基本的にその業務を担当している人です。

仕事自体は上から割り振られたものであっても、それをどういうスケジュールで行っていくかは、任された人に裁量があるからです。

遅れを取り戻すのは、上司ではなく自分

そもそも、あなたの仕事の進捗管理とはだれがやるのでしょうか？

この質問をすると、「上司がやるもの」と答える人がとても多いです。

しかし、自分が担当している仕事の進捗管理についてはまず「自分がやるもの」です。

たしかに上司は全体を把握していますし、部下の仕事に責任を負っていますから、上司も部下の仕事の進捗管理は行います。

それは、部下たちからの報連相をもとに、状況にあわせて全体のなかでの役割分担

やスケジューリングなどを調整していくためです。

ですから、仕事が遅れているのかいないのかは自分で管理し、遅れている場合は自ら上司に報告しなければなりません。

進捗を把握しないまま仕事を進めていて、あるとき上司に「遅れているぞ」と指摘されるようでは、自己管理ができていないと言わざるをえません。

また、新入社員でもない部下が「私の持ち場は予定通りに進んでいません」といったところで、「じゃあ、どうするの?」といわれて終わりです。

上司もゼロから部下の面倒を見ているヒマはないので、自分なりに対策を考えたうえで相談しなければ、新たな指示はもらえません。

さらに、新たな指示をもらったら、自身のスケジュールを見直し、仕事の進め方を考えていく必要があります。

上司はそこまでは教えてくれません。

進捗管理とは能動的なものであり、指示待ち人間にはできないことなのです。

早め早めに手を打つために考えること

では、対策を立てるために必要なこととは何でしょうか。

仕事を確実に期日に間に合わせるには、「何がどこまで進んでいるか」に加えて、次の３点を考えなくてはなりません。

- **やろうと思っていたことで、できなかったことは何か**
- **その理由は何か**
- **どうするべきだったのか**

今日の段階で遅れているのなら、明日からの行動を変えなければならないので、今すぐにでも計画を見直す必要が出てきます。

明日、明後日にでも取り戻せるレベルの遅れなのか。

納期から逆算したときに、予備の時間があるのかどうか。

場合によってはスケジュールを根本的に変えなくてはならないかもしれません。
自分の力だけではどうにもならなければ、だれかに応援を頼むしかありません。

このように、「毎日、納期までの見通しを立て直し、必要な手を打っていくこと」が本来の進捗管理です。

状況が変われば計画も変えていかなければなりません。その見通しの精度を高く保つことで、確実に計画を実行することができるのです。

進捗管理とは、納期を確実に守るために、その時点の状況に応じた仕事の進め方を再設計していくことといえます。

もともとの計画は、予定より早いのか遅いのかの目安として活用します。

このように、早め早めに問題に気づいて手を打っていくのは、仕事を進めていくうえでの理想型です。

進捗管理ができない人は、納期に遅れ、品質を落とし、お客さまや上司、同僚から「ダメだ、こいつは……」といわれてしまうのです。

予定通りに進まなかったときはどうするか？

(1) 予定通りに行かなかったことを把握する

・予定通りに出来なかったことは何か？
・その理由は何か？
・どうするべきだったのか？

↓

(2) どうすれば取り戻せるか対策を考える

・明日、明後日にも取り戻せるレベルか？
・納期から逆算して、予備の時間を捻出できるか？
・誰かに応援を頼んだほうがいいか？

↓

(3) リーダーに対策案をもとに相談する

↓

(4) リーダーの指示を受けて、自分のスケジュールを組み直す

状況を正確に把握できるのは担当者。対策を考えてから上の人に相談しよう

planning 02

状況が変わったときの軌道修正の考え方

途中で方向転換を迫られることも

今は計画通りに進んでいる仕事も、ずっと計画通りにいくとは限りません。とくに長期のプロジェクトは、目的を達するまでの期間が長いため、途中で何が起きても不思議ではないのです。

お客さまの希望による仕様変更で大幅修正を迫られたり、社長の一言で方針が転換されたり、政治的な動きで業界全体の動きが変わってしまうなど、「今までの努力はなんだったのか」といいたくなる大幅な軌道修正を余儀なくされることもあります。

こうした状況では、軌道修正を迷う余地はありません。お客さまや経営者の判断、世の中の流れに逆らっても仕方ないので、たいていは最初から計画を立て直すくらいの気持ちで仕事を進めていくことになります。

迷うときは、両パターンでシミュレーションを行う

一方で、「ひょっとして今までの予測に誤りがあるかもしれない」とか、「時間とともに続けることのリスクが大きくなってきた」とか、「自社内でのプロジェクトの優先順位が変わりつつある」といった、気配を感じるケースもあります。

こういう微妙な状況では、今まで通りに突き進んでよいのか迷ってしまうものですが、選択肢は２つしかありません。

- **仕事の成果を高めるために計画を軌道修正する**
- **計画通り遂行し当初の目的をきちんと果たす**

こういう潮目が変わりそうな分岐点で、どちらを選んだら正解とは誰もいえません。

ただし、どうしてよいのかわからずに放置した結果、後者になるというのは消極的すぎます。

考えるのが面倒だとか、変える勇気が出ないとか、そういった理由で軌道修正を視野に入れられないのは問題です。

軌道修正をするべきかどうかは、シミュレーションを行うことである程度判断できます。**軌道修正をした場合としない場合のリスクを比較し、影響の強さを見積もっていくのです。**

たとえば、お客さまに計画の修正を提案する場合、

- **どれだけ開発費用が増減するのか**
- **納期には間に合うのか**
- **今より納期が遅れる場合、お客さまにはどのような影響が出るのか**

……などといった点が判断基準になることが多いでしょう。

長期の計画は、途中で何が起きても不思議ではない

・もしかしたら予測に誤りがあるかもしれない
・時間とともにリスクが大きくなってきた
・会社におけるプロジェクトの優先順位が変わってきた

どちらを選ぶか？

(1) 仕事の成果を高めるために軌道修正する

(2) 計画通りに遂行し、当初の目的を果たす

迷ったら、シミュレーションを行おう

このまま進める場合と、軌道修正を行う場合で、
どちらが低リスクかを検討する

・今より納期が遅れる場合、どれくらい遅れるか

・必要な費用はどれくらい増減するか

……などが判断材料になる

軌道修正の判断が遅くなると、
納期が厳しくなるので注意しよう

そうしたことを早期に調べて、お客さまと交渉をし、了解される部分とされない部分を見極め、軌道修正をすべきかどうかを判断します。

場合によっては根回しまでやってしまう

軌道修正をするべきかどうかは、高度な判断になるほど管理職の役割になります。

しかし、上司が的確な判断をできるように、判断の材料を準備して、状況を正確に報連相するのが、現場で実務を担っている部下の役割です。

もし、自分が担当している業務で軌道修正を検討すべきかもしれないときは、上司に判断を丸投げすることはできません。

上司に相談する前に「自分自身の考えを明確にしておくこと」は必須ですし、自分に与えられた裁量の範囲で「お客さまへの根回しまで行っておくこと」が仕事を滞らせないコツです。

先の例なら、まず自分で設計変更になった場合のコストを計算します。

「軌道修正するべき」と判断したなら、先方に費用の保証を調整したうえで、軌道修正後の納期の提案を行い、客先の了承をとりつけます。

この根回しを行ってから、上司に「軌道修正をさせてください」と相談すると、決済を早々に得られ、より早く再スタートを切ることができます。

軌道修正をするかしないかの判断までが長いと、納期がどんどん厳しくなっていきますので、スピードを意識して動くことが大事です。

とりあえず一通り変更に関する資料を集めてから、「軌道修正の必要性があるかもしれませんが、どうしましょう」などと言っているレベルでは、お客さまも上司もイライラするだけです。

微妙な局面での決断は躊躇してしまうものですが、上司だけに頼らず、自分自身で判断する訓練をしていくと、スケジュールの再調整もやりやすくなるのです。

planning 03

計画を妨げる、飛び込み仕事の整理法

肝心の予定が何も進んでいない！

計画を実現するのに障壁になりやすいのは、飛び込みで入ってくる仕事です。注意深く計画通りに進めていても、上司に「忙しいところ悪いけど急ぎでこれお願い」と言われた瞬間に、計画に遅れが生じることが確定してしまいます。内心「えーっ」と思っているうちに、「悪いけどこれも頼むよ」、「○時から緊急ミーティングをするからよろしく」、「○○部から依頼されている件もわすれるなよ」などと次々と依頼が増え、さらにメールを開けば「至急回答願います」、「明日までに連絡をください」……。

最悪の場合、これだけで１日が終わってしまうこともあるでしょう。

「気がつけば、飛び込み仕事が10件もたまってしまった」という場合、できることは４つです（それ以外の方法もあるでしょうが、自分自身の仕事のやり方としてシンプルに考えた方が、あれこれ考えずに済みます）。

①すぐ終わることから着手し、とにかく件数を減らす

一気に仕事の件数が増えると、一つひとつ納期や仕事のボリュームなどを確認して、時間割に落とし込んでいくだけでも大変です。

予定に組み込む前に、とにかく件数を減らすことを考えましょう。

通常は、緊急度と重要度で優先順位を決めますが、発注者から特別にそういったオーダーがないのなら、どれも似たようなレベルの仕事だと思います。

10人に依頼されていて次から次へと「あの件どうなった？」などとあおられていたらたまったものではありません。

すぐ終わるものから手をつけて件数を減らしていくと、気持ちもラクになりますし、残った仕事も把握しやすくなるため、整理するのもラクになります。

②別の誰かに任せる

頼まれたのでひとまず引き受けたけれど、自分の仕事の進捗度合いや、今後のスケジュールなどを考えたときにとてもできそうにないこともあります。

そういう場合は、身近な同僚や部下にお願いして、代わりにやってもらえないか相談してみましょう。

もちろん、相手にもスケジュールがあるので、それを見極めたり、譲歩したりして、落としどころを探していきます。

飛び込みの仕事は、誰かがやらなければならない反面、誰がやってもよいと考えることもできますので、可能な人に任せるのもひとつの方法です。

③事情を話して断る

どう考えてもムリなときは思い切って「申し訳ありません、今仕事が立て込んでいて、ちょっとできそうにないです」と断ってしまうことです。このとき、頼まれた仕事以上に優先すべきことがあることを、相手に理解してもらうのがポイントです。

単に「ムリです」とか「できません」などというと、相手の感情も穏やかではなく

飛び込み仕事で手一杯になったときは？

**①すぐ終わることから着手し、
とにかく件数を減らす**

抱えている仕事の件数が減ると、減った仕事の分のコミュニケーション量も減らせる。残りの仕事の整理もしやすくなる

②別の誰かに任せる

誰がやってもよい場合は、可能な人に頼んでいまうのが確実。相手のスケジュールも尊重しながら、落としどころを探る

③事情を話して断る

どう考えてもムリなら、事情を説明して丁重に断る。「そんなの今やる必要あるんですか」など上から目線になるのはＮＧ

④やらなくていいことを探す

すでに抱えている仕事も含めて、必ずしも今やらなくていいものがないか見直す。不要な仕事は排除してしまうと今後ラク

↓

**仕事の一つひとつに対して
減らせないかどうかを考えていく**

**確実に遅れてしまう場合も、
遅れの幅を小さくする努力は必要**

なるため、いい方には細心の注意を払いましょう。

なかには、相手は緊急だといっても、あなたから見て「それ、本当に今必要な仕事か？」と疑問に感じる場合もあるかもしれません。しかし、相手は必要だと思って依頼しているのですから、「それ意味ありますか？」とか「それムダですよね？」といった、上から目線の断り方は避けるべきです。

険悪なムードになってしまったら、余計に時間を取られることになりかねません。

断る以外にも「それなら、先日渡した資料のなかに似たものがあります」「来週でよければ、お手伝いできます」などと提案することもできます。

④やらなくていいことを探す

もともと抱えている仕事が多すぎると、ちょっと飛び込みで仕事が増えただけでも全体に影響が出てしまい、全部が予定通りにいかなくなってしまいます。

ですから、飛び込みで新たに引き受けた仕事も含めて、自分の仕事全体を見直し、「優先順位の低いものはやらない」という判断もあります。

探してみると、案外「昔は意味があったけど、今となっては別にやらなくても問題ないのでは？」と思うような仕事や、やり方を変えればもっと簡略化できそうな仕事が見つかることもあります。

他の3つと違って全体を見直すことになるので大変ですが、抜本的な解決を図るにはよい方法です。忙しいときに見直しているヒマはないので、日ごろから、そのときやっている仕事の優先順位を意識することです。

なお、やり方を変えると一時的に非効率になることもありますが、長期的な視点で考えて妥当な投資と考えられるならば、一時的なものと割り切って改善を進めましょう。

planning 04

面倒ごとは早めに対応、できればスルー

「いつもの仕事」だから、アンテナを張れる

仕事は、自分に関わりのないところで、予想外のことが起こるものです。できればトラブルになる前に手を打ち、計画に変更を加えずに進めていけるとラクになります。

たとえば、モノづくりの現場では、生産計画に基づいて日々部品を調達し、組み立て、検査して出荷していきます。

計画に従っている限りは納期が守られるはずなのですが、取引先の事情で自社の計

画が狂うこともあります。

部品の納品が遅れているため部品メーカーに事情を聞くと、材料の調達が間に合わないという返事。仕方ないのでその材料メーカーに連絡を取ると、市場全体で必要とする材料が不足していて取り合いになっている……。

こうなると現場の一人の社員の力でどうにかなるものではありません。

人事の仕事の一つである、毎月の給料の計算にも同様のことがあります。

毎月給料の支給日までに計算をしなければならないのに、勤務情報が集まらない。その組織長に確認すると、本人が長期休暇を取っていると言います。

その本人に連絡すると、実は上司のパワハラで会社に来たくない……。

労働時間の申告は本人が行うことが原則です。

給与の支払いをするためには、その上司と部下の関係をどうにかしなくてはならないのです。

こんなふうに、自分に落ち度がなくても、毎月、毎日の繰り返しの業務のなかでも、何かしらトラブルは起きてしまいます。しかし、繰り返しの業務は、トラブルが起きる前に変化の兆候をとらえやすいとも言えます。

変化の兆候とは、先の材料不足の例でいえば、新聞や業界紙、テレビのニュースなどから情報を集めてリスクを想定することが可能です。

世界的に鉄が不足していて輸入が減ってきているとか、外国との摩擦が起きて資源が入ってこないとか、海賊が輸送船を襲う事件が多発しているとか、注意してニュースを見ていれば「もしかしたら部品の調達に影響が出るかもしれない」とその兆候にいち早く気づくことができます。

そうすれば、早めにメーカーと調整したり、価格の交渉をしたり、代替え部品の検討をしたりすることで、生産計画に影響が出ないように対策ができます。

給与計算の例も、勤務管理をしている人事部が、給料計算日ギリギリではなく、あらかじめ勤務管理システムでチェックして、「この人、勤務状況がおかしい」と気づければ、早めに問い合わせることもできるかもしれません。

自己申告制度などがある会社なら、それを分析していればパワハラの兆候が見つけられたかもしれません。

こうしたトラブルの種は至るところにあります。芽が出たときにすぐに摘んでしまうのが、問題を大きくせず、解決に余計な時間をかけない（つまり、何事もなく計画通りに進む）最も有効な手段です。

シャットアウトすべきときもある

他にも、計画外のところで時間をとられてしまうことは頻繁にあります。ちょっとした雑談や雑務でもチリも積もれば山となり、あっというまに時間が過ぎていきます。

不意の来客や、問い合わせの電話や相談のメール、上司からの突発的な指示や、部下からの相談事、トイレに行ったらたまたま出張できていた同期とバッタリ会って、ついつい近況を報告しあったりと、気がつけば夕方になっており、今日やるはずだった仕事が１ミリも進んでいないということがないでしょうか。

こういう名前がない細々した業務やコミュニケーションは、ムダとは言えないまでも、予定をいとも簡単に崩してしまう点では困りものです。

では、どのように対処していけばよいのでしょうか？

たとえば、不意の来客を防ぐことはムリです。

しかし、アポイントのない訪問は、先方もダメもとで来ているか、大して重要でない目的の場合がほとんどなので、潔く断ってしまうのも一つの手です。

「本日は別件で予定がありますので、せっかくですが、日を改めてお越しいただけますか？」といえばよいだけです。

なぜダメなのか説明する必要はありません。

また、問い合わせの電話がかかってきた場合は、「後でかけ直すから、要件を聞いておいて」と電話に出た人に頼みます。そして、折り返しの電話は、別の答えられる人に任せてしまうといいでしょう。

メールはタイトルを見て、急ぎのものだけ先に回答する形にしましょう。

上司や部下からの突発的な依頼や相談は、どの程度緊急なのかを確認します。時間に余裕があれば、別の日にスケジューリングをすればいいのです。

自己中心的に周りをシャットアウトし、依頼や相談を断り続けることは、気が引けるものです。「職場の雰囲気や人間関係を悪くしてしまう」と心配される方もいると思います。

しかし、それによって本来やるべき業務が滞ったり、間に合わなかったりしては本末転倒です。

とくに自分以外で対応できる人がいる場合は、その人に任せるということも選択肢として持っておきましょう。

planning 05

予定がバッティングしたら、自分だけで判断しない

先約優先がストレスは少ないが……

スケジュールを立てるときに悩ましいのが、複数の予定がバッティングしてしまうときです。

とくに会議などは、情報が共有されていないと、いろんな部署の人が会議の召集をしてきて、気がつけば3つも、4つも会議が重なってしまうこともあります。

体は一つですから、複数の中からどれか一つしか対応ができません。

そのとき、何を基準にその一つを選択すればよいでしょうか？

もっともシンプルなのは、先約優先方式です。

最初に入った予定を常に優先し、あとから打診された用件は「先約があるので、別の日程で……」と提案するのです。

これは基準が明確で、断る際の罪悪感も少なくて済む方法です。

しかし、時には「その時間は先約があるのですが、調整してみます」といったん保留にして、最初に入った予定を別の日程に変更することもあるでしょう。

つまり、後から入ってきた予定を優先するということです。

そこには、潜在的に自分なりの優先順位があるのです。

この優先順位には人によって基準が異なるため、場合によっては対立が生じることもあります。

人によって「何が重要か」の基準は違う

一般的に優先順位を決める基準は２つあるといわれ「緊急度」と「重要度」によって判断します。

仕事がバッティングしたときに、よく言われることなので、聞いたことがある人も多いでしょう。

緊急度とは、「その仕事の期日はいつか?」「そのときにやらないと、取り返しがつかない重大事項かどうか」ということで決まります。

そのときやらなければ取り返しがつかないことは、四の五のいっていられませんので、真っ先に予定に入れることになります。

次に重要度ですが、ここが人によって見解がばらつくところです。**人によって「重要」だと思うことは違うからです。**

自分にとっては最重要でも、他人にとっては違うことはいくらでもあります。

仮に、A社を訪問する予定とB社を訪問する予定がバッティングしたとしましょう(緊急度は同じくらいと考えてください)。

その際、自分ではA社のほうが重要だと判断して優先したら、上司から「B社のほうが重要に決まっているだろ!」といわれることもあります。

重要度の判断基準を、ある人は「売上の大きい取引先を優先するべき」と考え、またある人は「リスクが大きいところほど注意深く扱わないと」というように違っているからです。

こういうときは、**関係者のなかで共有されている価値観や考え方を基準に判断する**ことが正しいといえます。

「売上第一」という方針があれば売上見込みの高いA社を優先するでしょうし、「リスク回避」という方針ならクレーム対応のB社を選ぶでしょう。

重要度で迷うときは、何を優先するかを関係者で共有することで、ぶれることなく仕事が進められるのです。

スケジュールは目につくところに

また、基本的にスケジュールは目につくところに貼るなりしておきましょう。

せっかく計画を立てても、パソコンに保存したまま二度と見ないという人は多いものです。

うろ覚えの記憶で次々に仕事を振られれば、仕事がバッティングする確率も高くなりますし、期日を勘違いして仕事を進めてしまう可能性もあります。

トラブルになってから「そういえば……」と思い出しても、もはや取り返せないほどの遅れになっていることもあります。

計画やスケジュールは、手帳やスマートフォンのように頻繁に見るものに記入するのが基本ですが、できればそれとは別に紙に印刷して目につくところに貼っておくのがベストです。

そして、終わったものから消し込んでいくと、進捗管理も同時にできます。

「ペーパーレスの時代に、何をアナログな……」と思うかもしれませんが、人はいちいちパソコンを見るなど手間のかかることは無意識に避けてしまいます。

何かのついでに頻繁に目に入る状況を作り出すことは、スケジュール管理の知恵なのです。

planning 06 スケジュール管理は進捗管理と同じ

記入漏れがないように注意する

予定通りに仕事を進めていくためには、スケジュール管理をする必要があります。スケジュール管理のツールとしては、昔からある「紙の手帳」か、グーグルカレンダーなどの「カレンダーアプリ」を使っている人が多いでしょう。なかにはグループで共有できる機能のあるものもありますし、スマートフォンならいつでもどこでもすぐに確認できます。

私自身は、スケジュールを含め、仕事に関する情報をすべてシステム手帳に集約して管理する一方、会社にいないときの予定のチェックはスマートフォンで行っており、パソコンとも同期しています。

システム手帳は重たいので、必要がない限りは持ち運びはしません。

手帳はパソコンやスマホと連動できないため二重管理になりますが、アプリで管理しているのは、手帳のマンスリースケジュールとほとんど同じ内容で、細かなことは記入していません。

このようにツールを2つ以上使う場合には、書き漏らしがないように、どのツールに何を書き込むのかを、あらかじめルール化しておきましょう。

よくあるのは、手帳メインでスケジュール管理をしている人が、たまたま予定をスマートフォンに先にメモしたときに、肝心の手帳には書き忘れてしまうケースです。

ツールの使い方は人それぞれの好みや業務内容によって違ってきますが、ここでは、プロジェクトを複数抱えている場合の一つの例として、私自身のスケジュール管理について紹介したいと思います。

守るべき「約束事」の予定を俯瞰できることが重要

紙の手帳はアナログですが、まだまだ根強い人気です。

打ち合わせ時のメモも、スマートフォンに入力するより手で書いたほうが早いですし、書き方の自由度も高いと思います。

私のシステム手帳は、マンスリーとウィークリーのスケジュールのページと、インデックスを追加したノートのページがあるだけのシンプルなものです。

そのうち予定を書き込むのに使っているのは、見開きで月ごとのスケジュールが俯瞰できる、マンスリーのページだけです。

その月の予定が一目でわかることと、１年分のスケジュールがたった12ページ（見開き）で管理できるので便利です。

マンスリースケジュールページの１日分のスペースはかなり小さいので、「それだけのスペースで足りるのか」と思われるかもしれませんが、ここには、その日の予定で大事なものを書き込んでいます。

主に、会議や会食などの人と会う予定、業務の締め切りなど、絶対に守らなければならない「約束事」の予定です。

どんどんこなしていかなければならないＴｏ Ｄｏは、後で述べますが、ノートのページのほうに書いています。

時間をどこまで細かく管理するかは、その人の業務内容や好みによって、大きく違ってきます。

日々のスケジュールをもっと細かく管理したい人は、ウィークリースケジュールを活用してもいいですし、1時間ごとにメモリがついたデイリースケジュールを使えば、より緻密に管理できます。

1日に6つも7つも会議や打ち合わせ、会食、移動などの予定が入る人は、これくらい細かい管理が必要になるでしょう。

逆に、そうした「約束事」が少ない業務の人は、卓上カレンダーにスケジュールを書き込み、それですべて管理している人もいます。

たまに、いわゆる大学ノートですべてをまかなっている人を見かけますが、予定の管理に関しては、やはりスケジュール帳やカレンダーのように、一覧性のあるもののほうが、見落としは出にくいと思います。

同時進行している仕事は「縦の計画」を意識する

ノートのページには、インデックスをつけて、業務ごとに整理しています。

システム手帳のいいところは、必要に応じてページを増やしたり、ページを移動したり、インデックスをつけたりできる点です。

私は、「人事関係」「組織関係」「安全衛生」「処遇関係」「〇〇プロジェクト」……といった感じで分けています。

そして、業務ごとに、打ち合わせの内容や、ＴｏＤｏメモを、その都度書き込んで整理しているのです。

多くの人は複数の業務やプロジェクトを同時並行で進めています。

まずは、これらを一緒くたにしないで分けて書き出しておくほうが、それぞれの業務においてやるべきことを把握しやすいです。

そのうえで、すでに述べたとおりの優先順位で、月単位、週単位、日単位のスケジュールに落とし込み、やったものから横線を引いて消していくことで、漏れをなくしていくことができます（これが進捗管理になります）。

個人レベルでも、業務ごとの「縦の計画」を明確にしたうえで、「横の計画」に落とし込んでいくのです。

細かな仕事は次から次へと終わらせる

といっても、予定は、どんどん変わっていきます。

前倒しできる仕事は前倒しし、何かのついでにできることはそのときにやってしまうなどして、毎日、臨機応変に予定を組み替えることで、より効率的に仕事をこなしていき、そこに新たな仕事が入ってくるからです。

比較的短時間で済む仕事は、仕事ごとに細かく時間を割り振るより、「その日のうちに終わらせること」だけ決めてしまい、次から次へと手持ちの仕事を完了して減らしていくほうが、結果的に前倒しで進んでいくことが多いです。

一日の始まりに業務ごとに「今日やること」を確認し、一日の終わりには「やり残しがないか」と「明日やること」を整理して、必要ならその準備までやっておきます。

これで、毎日、比較的短時間ですべての業務の進捗管理を行うことができます。

付録

経験値を上げるための基本

appendix

日々の記録が計画力アップの糧になる

終わったことなら書きやすい！

計画やスケジュールを立てるのが苦手な人は、逆転の発想で、終わったことを記録に残してみましょう。これは、仕事を振り返ることにも有効です。

たとえば、一日の最後に振り返って、何に何時間を使ったのか実際の仕事内容を時系列で書き出すことをやってみてください。

もともと立てていた計画がある場合は、それと照らし合わせると、自分の時間の見積もりの精度がよくわかります。

仕事に慣れないうちは未来を予測してスケジュールを立てることは難しいですが、

すでに終わったことなら思い出して書き出すことができます。それによって、今後のスケジュールを書き出すことも、自分にとって身近なものになっていきます。

実際に手を動かして「形をつくった」という実績によって、自分にもできるという自信がつきますし、継続することで時間に対する感覚も鋭くなってきます。

手帳のウィークリーのページをあまり使っていない人は、ここに書くのが一覧性があるのでお勧めです。

振り返りで、経験値を蓄えていく

さて、書き出すことに慣れてきたら、それぞれの業務で気になった点をメモしていくと、さらに効果的です。

たとえば「9：00〜11：00まで○○会議」といった時間だけではなく、ここに情報をいくつか追加していくのです。

うまくいったこと、いかなかったこと、できれば理由まで追記します。

「予定は10：00までだったが1時間の超過。○○の件に懸念事項があり、結論にいたらず」

「11：00〜14：00　販売施策の検討。お昼休みを除けば実質2時間で完了」

「14：00〜15：00　店長会議資料作成。時間が足りず、店長会議では資料なしでの説明となった」

「15：00〜18：00　店長会議。予定を1時間超過。販売施策の資料が十分でなかったため、質問が多数でた」


まるで日記のようですが、こうして一日を振り返ると、自分なりに見えてくるものがあるはずです。

・会議は事前準備が不足すると時間が超過してしまう
・施策の検討は、簡単なものであれば2時間程度で決められる
・検討した施策を店長に周知する資料は1時間では足りない
・中途半端な資料では理解してもらえず、質問が多くなるため会議も伸びる

すべての業務について細かく書き出すのは大変なので、印象に残ったことに絞って良かったことや悪かったことを書き出してもよいでしょう。

過去の振り返りを繰り返すと、どんな仕事にどれだけ時間がかかって、どんなリスクが想定されるのかが分かるようになってきます。

一見ムダでバカバカしく思えるかもしれませんが、自身の経験値を蓄える方法には最もよい方法です。

逆にこれをやらないと、後々「あの仕事はえーっとたしか2時間くらいかかったなぁ」という不確実な記憶しか残らず、不十分な計画しか立てられなくなるのです。

自分のアベレージを知ることが重要

1日単位の振り返りを1週間行ったら、次に週単位の振り返りに取り組みます。

1週間を振り返り、仕事の成果やアウトプットがどれくらいだったのか、やるべきことに漏れがなかったかなどを整理すると、翌週の仕事の進め方が見えてきます。

「この1週間、最低限のことしかできてないな。もっと行動量をふやさないと」と思えばもっと行動量を増やすことを意識します。

「このミーティングにずいぶん時間がかかっているな。何かあったっけ?」と思えばそのときの状況を思い出して原因を考えるきっかけになります。

週単位の振り返りは、これまでの日々の過ごし方と、その週との比較に意味があるので、何週間か繰り返すことが必要です。

こうして週単位の振り返りを行うと、自分のアベレージが見えてきます。

さらに、1カ月、3カ月、半年、1年といった区切りごとに、手帳を見て振り返る機会をつくっていくとよいでしょう。

振り返りのスパンを長くしていくことで、長期的な計画を立てることへの苦手意識が減ってきます。

「○○業務はおよそ○週間程度かかり、締め切りは○月○日だから、○月○日には取り掛かる必要がある。その際想定されるリスクが何で、余裕のあるスケジュールを立てると……」という具合に計算ができるようになってくるのです。

最初は、その日（あるいは昨日）に起きた出来事を簡単にメモするくらいからはじめてもいいでしょう。

毎日忙しくすごしていると、後で振り替えったときに、自分がやってきたことを一つひとつ思い出すことはかなり難しくなります。

しかし、手帳に手がかりになる情報（「いつ」「どこで」「誰と」「何をした」など）が何かしらあれば、それがトリガーとなって、記憶がよみがえりやすくなります。

また、副次的な効果ですが、記録として日々の足跡を残していくのは、つい上滑りに過ごしてしまいがちな毎日を、輪郭のハッキリしたものにしてくれます。目的意識をもって過ごすことで、充実度が格段に上がります。

失敗管理表をつくって失敗工数を減らす

なぜかトラブルは連鎖する

計画通りに仕事を進めていくには「失敗による後戻りをなくす」ことが大事です。

仕事のダンドリとしては、失敗することを見越して余分に時間をとっておくのがセオリーですが、ミスの怖いところは一つ起きると連鎖しやすいところです。

いくつか重なれば、そのたびにやり直したり、お詫びをしたりといった不要な作業が起き、再発防止策を検討してお客さまに提示する必要も出てきます。

遅れを取り返すのは大変になりますので油断はできません。

リカバリーに必要な時間は業務によっても異なるため、平均してどれくらいかという統計はありませんが、大きなミスになれば、たった1件のリカバリーで何人もの時間が奪われ、10時間以上のムダはすぐに発生します。

私の肌感覚ですが、大小のリカバリーを合わせれば、月に10時間程度、年間で120時間程度のムダが起きていると思います。これは15日分の労働時間になります。

お互いのミスを共有して全体の質を上げる

ミスや失敗はゼロにはできませんが、再発防止や、同じミスを同じ職場で出さないようにする仕組みをつくることはできます。

その一つの方法として、私が以前やっていたのは「失敗管理表」をつくって共有することです。

失敗管理表とは、ミスの大きさや理由を問わず、ミスをした人が正直に書き込んでメンバー全員に共有するための管理表です。

事象だけではなく、影響範囲や、理由、再発防止策まで共有します。

唯一のルールは「その人を責めない」ことです。責められると思うと、人は失敗を

失敗管理表の例

発生日	区分	担当者	内容	リスク	原因	対策	期限	確認
X月X日	人事管理	A	○部のＸＸさんが人事管理システム上△部に誤登録されていた。	小	同性同名のＸＸさんと逆に登録をしてしまった。	名前ではなく社員番号で確認をする。部内周知と、作業マニュアルの改訂	X月X日	確認済
X月X日	給与	B	△部のＸさんの通勤費の誤支給（6か月間の過払い）により本人から給与の返還約5万円	中	転勤後、本人からの住所変更手続きがされていなかったため	転勤者については、申請漏れがないかを毎月末にチェックし、未申請者には連絡をするように業務フローを変更する。	X月X日	確認済
X月X日	雇用管理	C	アルバイト社員の雇用契約終了を人事部の確認なく現場で行われ、不当解雇の訴えがあった	大	現場の管理職の労務知識不足解雇予告手当の未払い	全管理職に労務管理研修の実施労務トラブルの事例の共有退職手続きのルール化	X月X日	

隠すようになるからです。

そのときのメンバーの合言葉は「失敗は財産！」でした。

うまくいかない方法を共有し、「それをやらない」ことを地味にコツコツと続けると、同じミスをしなくなるだけでなく、それに似たミスも事前に想定することができます。

これによって、後戻りの時間が大幅に減り、組織全体の効率化に繋がったのです。

ミスが起こりやすい業務においては、必須だと思います。

時間を意識しないと計画の意味がない

時間の感覚を磨く

スケジュールが立てられない人の多くの悩みは、時間感覚がないことです。これは性格や能力的なものの差というよりも、実践を繰り返してきたかそうでないかの経験の差だといえます。

経験を積むことでだれでも時間感覚はついてきます。

たとえば、競馬の騎手は時間感覚が非常に鋭く、一流の騎手になると1分間を時計なしで正確に分かるそうです。もって生まれた特殊な能力がある人が騎手になるわけではありません。日ごろのトレーニングの中で身に着けていくものです。

一般の会社員には、そこまで厳密な時間感覚は必要ありませんが、「この仕事はだいたい10分で片づく」とか、「3日あれば余裕でできる」くらいは想定できるはずです。

一度でも経験していていれば、「あっ、この仕事はだいたい半日あれば十分だ」とわかります。

未経験の仕事でも、これまで多くの経験を積んでいる人がその仕事の内容を分解していくと、おおよその時間がわかります。

必ず時計をもつ

仕事をするときは、必ず時計をもっていてほしいと思います。

定型業務に関しては、一つの仕事の始まりと終わりは意識的に時計を見て、どの仕事にどれくらい時間が必要かを把握することができます。

非定型業務は、時間の見積もりがしにくいものですが、ときどき時間を見ることで「あっ、もう1時間たった」「○時からの打ち合わせまでにここまでやろう」というように、その場での見通しが立てやすくなります。

また、時計を見ながら進めることで、ペース配分を意識することができるのが利点です。1時間で終わらせる予定の作業が、30分たった時点で三分の一しかできていなければ、残りの30分でスピードアップが必要です。

計画を立てるのが苦手という人は、もともと「時間を決めて仕事をする」という意識が薄いように思います。

だから計画を立てないし、立ててもすぐ脱線してしまいます。

ときどき、「え、もう夕方?」と驚いている人がいますが、こちらからすれば「え、その仕事まだやってたの?」という感じです。

こういう人は、「時間配分」という概念がないので、一つの仕事が完了するまでほとんど時計を見ていません。

最近は、スマートフォンなどで時間を見ることができるため、腕時計をもたない人も増えてきましたが、仕事中にわざわざスマートフォンを見るのは面倒です。

自席ならデスクや壁などに時計があればよいですが、目の導線や多少なりとも場所を移動することを考えると、腕時計は必需品と認識しておくほうがよいでしょう。

私のお勧めは、シンプルなアナログ時計です。

デジタル時計は、予定を確認したりする際に「何時までにあとどれくらいか？」というのをいちいち計算をしなければなりません。

一方でアナログ時計は、針の位置を見れば、ぱっと見ただけであと何分かということが感覚的に分かります。

時間のかかる仕事をやるときには、30分に1度くらいは時計を見て、ペースを調整していくとよいでしょう。

お知らせ機能を使う

複数の仕事を同時に進めているときには、スケジュール管理もより複雑になります。自分だけの都合では決められない会議などの予定がいくつか入っていると、一日のスケジュールは過密になり、まとまった時間が取りにくくなります。

結果として、抱えている仕事は細切れ時間で行うことになり、そこに夢中になっているうちに、会議の時間が過ぎていたという経験をしたことのある人もいるでしょう。

このような場合は、パソコンやスマートフォンでスケジュールを管理し、時間になったらお知らせしてくれる機能を使うのも良い方法です。

時間があまりないときに、時間を気にしながら仕事をすると効率が落ちますから、時間の管理はコンピューターに任せて仕事に集中するのです。

お知らせがきたらスパッと切り替えて、次の予定に移りましょう。

整理整頓してムダをなくす

1年のうち、1ヵ月を探し物に使っている？

計画通りに仕事が進まない人にお勧めしたいのが、自分のデスク回りや自分がよく使う資料の棚などを整理整頓することです。

ある統計によると、平均的なビジネスマンは、1年間で探し物をしている時間が150時間もあるそうです。

150時間というのは、1日の就業時間を8時間とするならば、約19日間となり、ほぼ1か月の労働日数と変わりません。

これはあくまで平均なので、この探し物の時間を限りなくゼロにしている生産性の高い人がいる一方で、ひょっとすると1年のうちの2カ月近くをムダに過ごしている人もいないとも限らないわけです。

最新ツールに変えても結果が出ないワケ

この話をすると、大半の人は「そんなに探し物なんてしていないよ」と反発します。ですが、よく考えてみてください。

パソコンに保存したデータの場所が分からなくていろんなフォルダを開けてみたり、昔のやり取りを確認するためにメールをさかのぼって探したり、机の上に置いておいたはずの書類が見つからなくて一つひとつ内容を確認しているうちに、気がつけば30分くらいはあっという間に経ってしまいます。

150時間を労働日数で割ると、1日あたり37・5分です。

これは極めて現実的な数字だと言えないでしょうか。

私の感覚だとむしろ少なく見積もっているのではないかとさえ思いますが、一方で、極限まで効率化している人がいるということなのかもしれません。

探し物で毎日30分も時間がかかっていたら、計画が思い通りに進まなくて当然です。

150時間あれば、およそ1か月分の仕事ができます。

一つの作業に集中しているときはまだいいですが、複数の仕事が入り交じってくると、ますます探し物に追われるようになります。

仕事を効率化するというとき、誰でも自分のできる範囲の中で、仕事のやり方や利用しているツールなどを見直し、過去のやり方を進化させて工夫をしています。

しかし、「整理整頓」という初歩的なところを見落としている人は案外多いものです。

パソコンやメールのなかを案件ごとにフォルダにまとめたり、そのフォルダのなかでさらに時系列や工程ごとにフォルダにまとめたり、ファイル名に自分なりのルールを決めたりすると、すぐに見つけられるようになります。

整理整頓をし、ムダをなくして、さらなる効率化を進めていってください。

上司や先輩との実力差を考慮に入れる

「その人が担当だから」うまくいった可能性も

仕事は、誰がやっても同じスピード、同じ品質に仕上がるものは少ないです。ですから、上司や先輩の仕事ぶりから判断して、「これくらいなら、まぁ1週間あればできるだろう」と思うのは軽率といえます。

考えるべきは、「自分はその人と同じレベルなのだろうか？」ということです。「周りができるから自分もできる」とか「去年の資料にあるスケジュール通りやればできるだろう」というのは、誰にでも当てはまることではありません。

当時の担当者が経験豊富だったり、幸運が重なったりして、そのスケジュールで行けた可能性もあります。

任された仕事に関して情報を集めたうえで、自分が立てたスケジュールに迷いを感じるのであれば、思い切って「自分の直感を信じる」という基準があってもよいと私は思っています。

自分は上司や先輩のレベルにはまだまだ及ばないと思うなら、念のためスケジュールに余裕を持たせておくことは必須です。

逆に「あの仕事なら、自分も同じくらいの時間でできる！」と思うならそれでもいいですし、「この仕事に関しては、先輩より自分のほうがレベルが高い」と思うなら、より効率的なスケジュールを立ててもよいでしょう。

「見たことがある」程度では直感は働かない

ただし直感を信じてよい人と、信じてはいけない人がいます。

身もふたもないですが、直感を信じてよい人は直感が当たる人、そして信じてはいけないのは直感が外れる人です。

直感を信じてはいけない人は、自分で手を動かしたことがなく、物事の一面だけしか知らないのに、勝手に「そういうものだ」と思い込んでいる人です。「人がやっているのを見たことがある」というレベルの人の直感は、当たらないことが多いのです。

直感が当たる人は、それまでの職業経験のなかで、多少なりとも経験と知識を蓄えている人、とくに失敗して克服した経験をもつ人です。

そういう人は、過去の記憶をリサーチして、慎重にどうするべきかを導き出します。

一方で、知識も経験も浅く、失敗をせずにこれまでの職業人生を過ごしてきた人の場合は、判断を迫られたときにどうしてよいかわからず、文字通りの直感、それどころか直〝勘〟というぐらいアテにするには危険です。

前任者よりタイトなスケジュールを組むのは避け、慎重に進めていきましょう。

スケジュールは立てて満足ではなく、実行してこそ意味があります。実行する前に「これで大丈夫か？」という視点で一度精査することで、より実用的になります。

キツキツの計画では成果は出ない

効率化には限界がある

「効率を上げるためにどうすればいいか考えろ」とか「今のやり方を抜本的に見直す必要がある」とか、いうのは簡単です。

いまさらいわれてもまったく響かない上司の指示の一つといえるでしょう。

「効率化」の一言で簡単に時間が捻出できると思っている人は多いものですが、いうほうはしょせん他人事です。

今どきの会社では、できる範囲の効率化はとっくに実行されています。

だから、みんな表向きは「はい」といっても、心のなかでは「もう無理だよ」と思っているのです。

私は以前、製造ラインの設計をしていたころ、上司に「ムダを徹底的に省くこと」といわれ続け「乾いた雑巾からさらに絞りだせ」といわれたことがあります。

ムダというのは、時間や材料費や人件費といったコストのうち、利益に直結していない、いわば余裕部分のことです。

しかし、乾ききった雑巾からさらにムダを絞り出すのは相当なパワーが必要で、その割にたいして効果はなく、現場の仕事のやり方もすさんでボロボロに傷んでいくだけでした。

余裕を奪われる現場の人たちは疲弊し、機械のように無機質になり、時間を守ることに精いっぱい。やがて品質が落ち、そのころには、自分たちでその原因を分析したり改善したりする気力も残っていなかったのです。

「効率化」は大事なことですが、行きすぎるとマイナスになることもあります。

もちろん、改善の余地があるのであれば、それを進めればよいでしょう。

でも、今さら難しいのであれば、上司にしか判断できないような大胆な改善を申し入れ、費用がかかるのであれば、その費用を算段してもらうように相談するのが正当なあり方だと思います。

「終わりなき改善」という言葉があり、どんなに改善してもどこかにムダは潜んでいて、日々それらを改善していくことが賛美されることもあります。

しかし、人間は雑巾ではないので、ムダが限りなくゼロに近い世界で、継続的に成果を上げていくのは難しいと思います。

改善直後に効率が下がるのは普通のこと

人は変化に対して慣れが必要です。

効率化したはずが、従来時間の110％に増えることもあります。

慣れるまで実際に効果が出ず、一時的に効率が下がる現象です。

そこで「まだムダがある」と事象だけを見て判断する人もいますが、それは時期尚早です。

改善した結果は、慣れるまで一定の検証期間をおかなければわかりません。

一度改善したら、致命的なことがない限り、コロコロやり方を変えたりしないほうが定着していきます。

落ち着いてから次の改善策を検討し、終わりなき改善を続けるという方法が効果的に時間を捻出するための改善になるでしょう。

根性で成果を出せるのは一時期だけ

また、改善の結果、効果が現れ、従来の時間の90％でできるようになったとしても、そのうちに従来の時間に戻ってしまうこともあります。

それは改善内容の妥当性を改めて検証する必要があります。

一時的に効率化に成功しても、持続できなければ意味がありません。

短期的に気合と根性論で効率が上がっただけで、継続していくにはムリがある計画だった可能性が高いです。

改善施策を検討するときには、こうした試行錯誤を経て、はじめてわかることもあります。

私は、「終わりなき改善」という言葉を否定しているわけではありません。

しかし、一つの改善をしたら次の改善があり、その先にまた次の改善があるというなら、最初の改善でそこまで想定して一度にやってしまえばいいと思います。

そのほうが、時間の捻出もスケジュールの管理も、もっと楽になるでしょう。

〈著者紹介〉

中尾ゆうすけ（なかお・ゆうすけ）

大阪で生まれ、現在は東京都在住。

コンピューター関連の技術・製造現場で、モノづくりのプロセス設計と現場指導、品質管理・原価管理等を通じ、仕事の効率化や人材育成の基本を学ぶ。

その後一部上場企業の人事部門にて、人材開発、人材採用、各種制度設計などを手がけ、人材を中心とした組織力の向上、現場力の向上ノウハウを独自に構築。

研修やセミナーなどでは、理論や理屈だけではない現場目線の実態に即した指導・育成は「成果につながる」と、受講者やその上司からの信頼も厚い。

2003年より日本メンタルヘルス協会・衛藤信之氏に師事し、公認カウンセラーとなる。

その他、執筆・講演活動など、幅広く活躍中。

主な著書に『入社1年目から差がついていた！ 頭がいい人の仕事は何が違うのか？』『上に行く人が早くから徹底している仕事の習慣』（すばる舎）、『ミス・ロスが激減する！ 話し方・聞き方・伝え方』（明日香出版社）などがあり、人事専門誌等への寄稿、連載記事の執筆実績も豊富。

チームでも、個人でも、ムダなく滞らせず結果を出す
計画力の鍛え方

2018年7月30日　　第1刷発行

著　者――――中尾ゆうすけ
発行者――――八谷智範
発行所――株式会社すばる舎リンケージ
〒170-0013　東京都豊島区東池袋3-9-7　東池袋織本ビル1階
TEL 03-6907-7827　FAX 03-6907-7877
URL http://www.subarusya-linkage.jp/
発売元――株式会社すばる舎
〒170-0013　東京都豊島区東池袋3-9-7　東池袋織本ビル
TEL 03-3981-8651（代表）
03-3981-0767（営業部直通）
振替 00140-7-116563
URL http://www.subarusya.jp/
印　刷――ベクトル印刷株式会社

落丁・乱丁本はお取り替えいたします。

ISBN978-4-7991-0717-1